|지은이| **린다 굿맨** Linda Goodman

1925년 미국의 웨스트버지니아에서 양자○○○○○○○○○○ 자 저널리스트였으며 시인이자 천문해석가었습니다. 린다 굿맨은 제2차 세계대전 동안 〈린다의 러브레터 Love Letters from Linda〉라는 유명한 라디오 프로그램을 진행하면서 명성을 얻기 시작했습니다. 그 이후 미국의 동부와 남동부 지역 신문에 기고를 하면서 본격적인 저술 활동을 시작했고, 흑인 인권 운동가이자 미국도시연맹 National Urban League의 회장이었던 휘트니 영 Whitney Young의 연설문을 작성하기도 했습니다. 린다 굿맨이 풍부한 임상 경험과 인간에 대한 깊은 이해를 바탕으로 집필한 『당신의 별자리』는 1968년 출간 이후 공전의 히트를 기록하였습니다. 천문해석학 분야의 책으로는 처음으로 「뉴욕 타임스」 베스트셀러 목록에 오르는 쾌거를 이루었고, 1978년 출간된 『사랑의 별자리 Linda Goodman's Love Signs』 또한 「뉴욕 타임스」 베스트셀러 목록에 올랐습니다. 그녀의 책들은 40여 년이 지난 지금까지 전 세계 독자들의 사랑을 받고 있는 고전이며 베스트셀러입니다. 책 곳곳에는 네 명의 자녀를 둔 어머니로서 자녀들에게 전해 주고 싶은 아름답고 따뜻한 경험과 지혜가 스며들어 있습니다. 그녀는 콜로라도 주에 있는 크리플 크리크에서 말년을 보냈으며, 그녀가 살던 집은 현재 여행자들을 위한 게스트하우스가 되었습니다. 1995년 향년 70세로 생을 마감했습니다.

|옮긴이| **이순영**

1970년 강릉에서 태어나고 자랐습니다. 한국외국어대학교 영어과를 졸업한 뒤 여러 기업체에서 해외 업무를 담당했습니다. 2009년 도서출판 북극곰을 설립하여 환경과 영혼의 치유를 주제로 일련의 책들을 꾸준히 발간하고 있으며, 번역가로도 왕성하게 활동하고 있습니다. 번역서로는 노베르트 로징의 『북극곰』, 마르타 알테스의 『안돼!』, 엠마누엘레 베르토시의 『나비가 되고 싶어』가 있으며, 린다 굿맨의 『사랑의 별자리』도 곧 아름다운 우리말로 선보일 예정입니다.

당신의 별자리

천칭자리

Linda Goodman's Sun Signs

전 세계 1억 독자의 마음을 사로잡은 작가 린다 굿맨
열두 별자리 지구인에 대한 가장 따뜻한 심리학

당신의 별자리

천칭자리

9. 24 ~ 10. 23

린다 굿맨 지음 | 이순영 옮김

진정으로 지인들을 이해했던 쌍둥이자리 마이크 토드를 위하여

그리고 물고기자리 멜리사 앤과의 약속을 지키기 위해

이리하여 이상한 나라가 생겨났네.

이렇게 서서히 하나씩 하나씩

이상한 사건들이 일어나고

이제 하나의 이야기가 만들어졌네.

감사의 말

나의 벗이자 스승인 처녀자리 천문해석가 로이드 코프의 도움과 조언에 깊이 감사드립니다. 로이드의 격려와 신뢰가 없었다면 이 책은 그저 양자리의 여러 꿈 중 하나로만 남아 있었을 것입니다.

★ 열두 별자리 개요

별자리	상징	기간	지배행성	구성 원소	상태
양자리 *Aries*	♈	3.21~4.20	화성 *Mars*	불	활동
황소자리 *Taurus*	♉	4.21~5.21	금성 *Venus*	흙	유지
쌍둥이자리 *Gemini*	♊	5.22~6.21	수성 *Mercury*	공기	변화
게자리 *Cancer*	♋	6.22~7.23	달 *Moon*	물	활동
사자자리 *Leo*	♌	7.24~8.23	태양 *Sun*	불	유지
처녀자리 *Virgo*	♍	8.24~9.23	수성 *Mercury*	흙	변화
천칭자리 *Libra*	♎	9.24~10.23	금성 *Venus*	공기	활동
전갈자리 *Scorpio*	♏	10.24~11.22	명왕성 *Pluto*	물	유지
사수자리 *Sagittarius*	♐	11.23~12.21	목성 *Jupiter*	불	변화
염소자리 *Capricorn*	♑	12.22~1.20	토성 *Saturn*	흙	활동
물병자리 *Aquarius*	♒	1.21~2.19	천왕성 *Uranus*	공기	유지
물고기자리 *Pisces*	♓	2.20~3.20	해왕성 *Neptune*	물	변화

★ 용어 설명

- **천문해석학**astrology : 인간이 태양과 달을 포함한 행성들의 영향을 받는다는 전제 하에 태어나는 시간과 장소에 따른 행성들의 위치에 근거하여 사람의 성격과 삶에 대하여 풀이하는 학문으로, 일명 점성학이라고 알려져 있음.
- **출생차트**natal chart : 태어나는 시간과 장소에서 본 행성들의 위치.
- **충돌 각도**hard aspect : 출생차트의 행성들이 서로 90도나 180도를 이루고 있는 경우.
- **태양별자리**sun signs : 태어난 시간과 장소에서 볼 때 태양이 위치하고 있는 별자리.
- **달별자리**moon signs : 태어난 시간과 장소에서 볼 때 달이 위치하고 있는 별자리.
- **동쪽별자리**ascendant : 태어난 시간과 장소에서 볼 때 동쪽 지평선에 위치하고 있는 별자리.
- **영역**house : 태어난 시간에 태어난 위치에서 보이는 하늘을 12구역으로 나눈 것으로 인생의 다양한 경험 분야를 의미함.
- **경계선**cusps : 각 영역의 시작점.

★ 별자리(태양별자리)란?

'태양별자리'라는 말은 당신이 만약 쌍둥이자리라면 당신이 태어난
시간에 태양이 쌍둥이자리라 불리는 곳에 위치해 있었고, 그 시기는
대략 5월 22일에서 6월 21일 사이라는 것을 의미합니다. 그 기간은
천문해석학 책에 따라 약간씩 다를 수 있습니다. 실제로 태양별자리
가 바뀌는 시점은 정해져 있지 않습니다. 자정에 바뀐다고 가정하면
매우 간단한 일이지만 실제로는 그 시간이 하루 중 언제가 될지 알
수 없답니다. 예를 들어, 지난 몇십 년 동안은 양자리가 황소자리로
바뀌는 날은 4월 20일이었습니다. 그러니 4월 20일은 때에 따라 양
자리가 될 수도 있고 황소자리가 될 수도 있는 것입니다. 출생차트
를 뽑아 보지 않으면 사실은 양자리인 당신이 평생 황소자리라고 잘
못 알고 살 수도 있는 것입니다. 어떤 별자리가 시작하는 날이나 끝
나는 날에 태어난 사람이라면 정확한 출생 시간과 출생 장소(위도 및
경도)를 알고 있어야만 어떤 별자리인지 정확하게 알 수 있습니다.

※ 이 책에 인용된 시들은 모두 루이스 캐럴의 작품에서 빌어 왔음을 밝혀 둡
　니다.
　　한국어판에서는 비룡소에서 출판한 『이상한 나라의 앨리스』와 『거울나라의
　　앨리스』를 참조하였습니다.
※ 개인의 출생차트는 윈스타winstar 프로그램이나 http://www.astro.com 등
　을 이용하여 볼 수 있습니다.
※ 이 책의 각주는 모두 역자가 단 것입니다.

목차

태양별자리를 어떻게 이해할 것인가

오래 전 이야기가 시작되었으니
여름의 태양이 그 빛을 발하고 있을 때
우리가 노 젓는 박자에 맞추어
울려 퍼지던 단아한 종소리

언젠가 당신은 출생차트의 상세한 내용을 알고 싶어질
때가 올 겁니다. 하지만 출생차트를 이해하려면 우선 무
엇보다도 태양별자리를 이해해야 합니다. 우리는 잡지
나 신문에서 단순히 열두 가지로 분류된 별자리 운세를
흔히 볼 수 있습니다. 그런데 별자리 운세를 읽는 것과
개개인의 태양별자리를 이해하는 것을 혼동하지 않았으
면 합니다. 별자리 운세는 대체로 아주 그럴듯한 내용으

로 당신의 관심을 끌지는 몰라도 오류가 전혀 없다고 할 수는 없습니다. 당신의 성격과 에너지를 전문적이고도 정확하게 분석하려면 당신이 태어난 정확한 날짜와 시간에 근거한 출생차트가 필요합니다.

하지만 이런 별자리 운세를 '누구에게나 해당하는 뻔하고 일반적인 내용을 모아놓은 잡동사니'로 치부해 버리는 경향도 경계해야 합니다. 이 또한 사실이 아니니까요. 그러한 예언(암시라는 말이 더 적합하겠지만)은 황소자리나 물고기자리 또는 처녀자리에게 각각 적용되는 것이지 열두 별자리 모두에게 마구잡이식으로 적용되는 이야기는 아닙니다. 별자리 운세는 실력 있는 전문가들이 출생차트의 태양별자리를 비롯하여 그 시기에 하늘에서 움직이는 여러 행성들 사이의 각도를 수학적으로 계산하여 작성하므로 어느 정도까지는 예측이 가능합니다. 그러나 중요한 것은 그러한 예측들이 개개인의 출생차트에 있는 태양별자리와 여덟 개의 행성 및 달의 각도를 정확하게 반영하지 않기 때문에 개인별로 완벽하게 맞아떨어지지는 않는다는 것입니다. 이러한 결함을 감안하고 본다면 별자리 운세는 흥미롭고 도움이 될 만한 정보입니다.

태양은 모든 별 중에서도 가장 강력한 별입니다. 태양은 인간의 성격에 지대한 영향력을 미치기 때문에 태양별자리에 대한 해석만으로도 그날 태어난 개인에 대해서 놀라울 정도로 정확하게 설명할 수 있습니다. 태양의 전자기 파장(현재의 연구조사 수준에서는 이렇게밖에 표현할 수 없습니다.)은 우리가 인생을 살아가면서 태양별자리의 기질을 지속적으로 발현해 나갈 수 있도록 해 줍니다. 태양별자리가 인간의 행동과 특징을 분석하는 데 사용하는 유일한 요소는 아니지만, 상당히 중요한 의미를 차지하고 있습니다.

어떤 천문해석가는 태양별자리를 다루는 책들이 민족별·직업별 특징을 무시하고 인간의 특징을 일반화했다고 주장하기도 합니다. 그러한 생각에 대해 이해는 하지만 동의할 수는 없습니다. 물론 태양별자리를 잘못된 태도로 사용한다면 사람들을 호도하기 쉽다는 것은 사실입니다. 하지만 분명한 것은 출생차트 없이 태양별자리를 해석하는 것만으로 탁월하게 인간을 분석하고 본성을 이해할 수 있다는 사실입니다.

개인의 태양별자리는 대략 80퍼센트 정도 정확하며 가끔은 90퍼센트까지도 정확한 경우가 있습니다. 이 정도라면 아무것도 모르는 것보다는 훨씬 낫지 않을까요? 물론 나머지 10~20퍼센트도 매우 중요하므로 무시할 수는 없습니다. 하지만 우리가 한 사람의 태양별자리를 안다면 이미 기본적인 정보들을 얻게 되는 것입니다. 태양별자리에 관한 지식을 신중하게 적용한다면 위험성은 전혀 없다고 할 수 있습니다. 우리가 나머지 10~20퍼센트로 인해 잘못된 정보를 얻을 수도 있다는 점을 유념한다면 자신 있게 태양별자리를 해석할 수 있습니다.

그렇다면 태양별자리란 무엇일까요? 태양별자리란 당신이 태어나서 첫 숨을 들이쉬던 그 순간 태양이 있던 특정한 위치, 즉 양자리·황소자리·쌍둥이자리 등을 말합니다. 이는 천문학자들이 계산해 놓은 천문력 ephemeris에 따라 추출해 낸 정확한 위치를 의미합니다. 일러두기에서 밝힌 바와 같이 어떤 태양별자리가 시작하는 날이나 끝나는 날에 태어난 사람의 경우에는 정확한 출생 시간과 출생 장소의 위도 및 경도를 알아야만 어떤 태양별자리에 해당하는지 정확하게 알 수 있습니다. 다시 말해 이 책을 포함하여 모든 천문해석학 책에서 태양별자리가 시작하는 날과 끝나는 날은 대략적인 날짜라는 점을 반드시 기억해 주길 바랍니다. 이 시작하는 날과 끝나는 날을 경계선이라고 하는데, 이 경계선은 다소 혼란스러운 부분이 있습니다. 어떤 천문해석가는 이 기간을 조금 더 길게 보는 경우도 있지만, 어쨌거나 초보자는 헷갈릴 수밖에 없습니다. 그러나 당신이 태어난 날의 태양별자리가 쌍둥이자리라면 아무리 그 날짜가 경계선에 가깝다고 하더라도 쌍둥이자리라고 보아야 합니다. 쌍둥이자리 앞 별자리나 그 다음 별자리의 영향력을 무시할 수는 없지만, 그렇다고 해서 당신을 황소자리나 게자리로 바꿀 정도로 쌍둥이자리의 특성이 가려지지는 않습니다. 특정 별자리에 위치하고 있는 태양의 광채를 약화시킬 수 있는 것은 아무것도 없으며, 경계선 상에 태어난 경우 생기는 약간의 변수조차도 태양별자리의 특성을 완전히 바꿀 만큼 강력하지는 않습니다. 당신이 태어난 시간이 경계선에 해당하는지 정확하게 확인하고, 그런 경우라면 약간은 참작하되 그 다음에는 그 사실을 잊어버려도 괜찮습니다.

출생차트란 무엇일까요? 출생차트란 당신이 태어나던 순간에 하늘에 있던 모든 행성들의 위치를 마치 사진을 찍듯이 정확한 수학 계산에 따라 재구성한 지도라고 이해하면 좋습니다. 발광체인 태양과 달을 비롯하여 여덟 개의 행성이 있으며, 당신이 태어나던 순간에 위치한 12개의 별자리와 10개의 별들이 서로 맺고 있는 각도 및 위치가 당신의 삶에 영향을 미치게 됩니다.

예를 들어 당신이 6월 9일에 태어났다면, 태양이 쌍둥이자리에 위치하므로 쌍둥이자리이며 쌍둥이자리 특성 열 가지 중 대략 여덟 가지를 띠게 될 것입니다. 하지만 감정을 주관하는 달이 양자리에 위치한다면 당신의 감정적인 태도는 양자리의 특성이 나타납니다. 지성을 주관하는 수성이 전갈자리에 있다면 당신의 지적 처리 과정은 종종 전갈자리 특성을 나타내며, 언행을 관장하는 화성이 황소자리에 있다면 당신은 황소자리처럼 느리게 말하는 경향이 있을 것입니다. 또한 금성이 염소자리에 있다면 사랑을 비롯한 예술적이고 창조적인 일에서 염소자리와 같은 태도를 보일 것입니다. 그러나 이런 모든 행성들의 위치로 인한 특성도 태양별자리인 쌍둥이자리의 기본적인 특성을 완전히 없앨 수는 없습니다. 다른 행성들의 위치는 당신이 지닌 복잡한 성격에서 나오는 다양한 모습을 다듬어 주는 역할을 할 뿐이랍니다.

당신을 완벽하게 이해하기 위해서는 다른 요소들도 고려해 보아야 합니다. 먼저 당신이 태어난 시간에 여덟 개의 행성과 두 개의 발광체인 태양과 달이 어떤 각도를 맺고 있는지 살펴보아야 합니다. 그 각도에 따라서 해당 별자리의 영향력이 결정됩니다. 하지만 가장 중요한 것은 당신의 동쪽별자리와 동쪽별자리가 태양과 달 그리고 다른 행성들과 맺고 있는 각도입니다. 동쪽별자리는 상승점ascendant 또는 일출점rising이라고도 하는데 당신이 태어난 순간 동쪽 지평선에 있던 별자리를 의미합니다. 동쪽별자리는 신체적인 겉모습에 상당한 영향을 미치고,(물론 태양별자리도 겉모습에 많은 영향을 줍니다.) 태양별자리가 표현하는 지향성의 토대가 되며 당신의 진정한 내면을 구성합니다. 예를 들어 쌍둥이자리인 당신의 동쪽별자리가 물병자리라면 당신은 상당 부분 물병자리 성향을 띠기 때문에, 쌍둥이자리 특성 중에서 당신에게 있을 법한 특이한 성격이나 은밀한 욕망이 잘 드러나지 않는 이유가 궁금해질 것입니다. 모든 출생차트에서 태양별자리 다음으로 중요한 두 가지 요소는 바로 동쪽별자리와 달별자리입니다.

동쪽별자리를 알고 나서 태양별자리와 함께 차트를 해석하면 매우 흥미로운 사실을 깨닫게 됩니다. 바로 자신의 전체적인 성격에 대해 놀라울 정도로 정확하게 설명할 수 있다는 사실입니다. 여기에 세 번째 요소인 달별자리까지 고려해서 해석하면 당신의 성격에 대해 훨씬 더 정교한 그림을 얻게 됩니다.

다음으로 각 영역의 별자리도 고려해야 합니다. 영역은 출생차트에서 수학적으로 계산된 위치로, 당신의 다양한 삶의 분야에 영향을 미칩니다. 모두 열두 개가 있으며 각 영역마다 하나의 별자리가 할당됩니다. 첫 번째 영역은 항상 동쪽별자리의 지배를 받고, 나머지 열한 개는 시계 반대 방향으로 순서대로 위치하면서 열두 별자리를 완성합니다. 천문해석가는 당신이 태어난 정확한 시간과 장소에 근거하여 출생차트를 뽑고, 열두 개 영역에 해당하는 각 별자리들의 의미를 해석하고, 또한 각 영역에 들어가 있는 행성들의 의미를 고려합니다. 앞서 설명한 모든 요소들을 섞어서 당신의 성격, 잠재력, 그리고 과거의 과오와 미래의 가능성을 분석하는 것이 바로 종합적인 천문해석 기술입니다. 이것이 바로 천문해석가들의 시간과 노력 그리고 지식이 필요한 부분입니다. 차트를 계산하는 것 자체는 특정 수학 공식만 적용하면 상대적으로 간단하게 끝나는 일입니다.(최근에는 태어난 날짜, 시간, 장소를 입력하면 간편하게 출생차트를 볼 수 있는 별자리 프로그램이 다양하게 개발되어 있습니다.-역자)

하지만 우리는 결국 이 책에서 주로 다루는 태양별자리 이야기로 돌아갈 수밖에 없습니다. 어떤 면에서는 당신이 쌍둥이자리라고 하는 것은 당신이 뉴욕 출신이라고 말하는 것과 같은 맥락이라고 할 수 있는데 이것이 지나친 일반화는 아니기 때문입니다. 당신의 별자리를 알아내는 일보다 뉴욕 어느 바에서 텍사스 출신을 찾거나 텍사스 어느 식당에서 뉴요커를 찾아내는 일이 더 쉽지 않을까요? 조지 왕조 시대*의 정치가와 시카고 산업

---

* 조지 왕조 시대(Georgian era, 1714~1830) : 조지1세~조지4세가 재위했던 영국의 중기와 후기 르네상스 시대.

시대의 사업가 사이에는 상당한 차이가 있지 않을까요? 당연히 매우 분명한 차이가 있습니다.

당신이 텍사스 출신이며 업무상 회의에 곧 참석할 어떤 사람에 대해 얘기하는 중이라고 가정해 봅시다. 누군가 "그 사람 뉴요커야."라고 말하면 즉각적으로 어떤 이미지가 떠오를 것입니다. 텍사스 사람보다는 말이 빠르고 짧을 것이며, 인간 관계에서도 텍사스 사람보다는 덜 따뜻할 것이고, 인사치레 없이 곧바로 사업 이야기로 들어갈 것입니다. 또한 서둘러 계약서에 서명하고 바로 동부로 날아가는 비행기에 몸을 실을지도 모릅니다. 섬세한 구석이 있을 것이고, 정치적인 면에서는 텍사스 사람보다 더 자유분방할 것입니다. 그렇다면 왜 이러한 순간적인 인상이 상당히 맞아떨어지는 것일까요? 왜냐하면 뉴욕 사람들은 빠르게 돌아가는 도시에 살고 있기 때문에 느리게 행동했다가는 지하철에서 자리도 못 잡고 비 오는 날 택시도 못 잡기 때문이지요. 어쩌면 계속해서 어깨나 팔꿈치를 분질러 대는 통에 품위 없어 보일 수도 있으며, 최신 연극도 보고 최고의 박물관에도 가봤을 테니 당연히 취향이 세련될 것입니다. 높은 범죄율과 복잡한 도시 생활로 인해 텍사스 사람만큼 가까운 이웃들에게 따뜻한 관심을 가질 리가 없으니 그의 성격이 다소 냉랭할 거라고 추측할 수 있습니다.

물론 뉴요커 중에 느리게 말하는 황소자리도 있고 천천히 움직이는 염소자리도 있겠지만, 텍사스에 사는 황소자리나 염소자리처럼 느리지는 않을 것입니다. 그렇지 않을까요? 또는 아무리 빨리 말하고 행동하는 쌍둥이자리라 할지라도 텍사스에 사는 쌍둥이자리가 뉴욕에 사는 쌍둥이자리만큼 빠르지는 않을 것입니다. 모든 것이 상대적이랍니다.

자, 그럼 그 사람이 뉴욕에 산다고 칩시다. 그리고 이제 이탈리아 출신이라는 사실도 알아냈다고 가정해 봅시다. 다른 이미지가 그려집니다. 여기에 그가 텔레비전 방송작가라고 한다면 또다른 이미지가 떠오릅니다. 게다가 결혼했고 자녀가 여섯 명이라고 하면 이젠 완전히 새로운 그림이 나타납니다. 그러므로 (비록 이것이 유추이고 모든 유추가 불완전하기는 하지만) 그가 뉴요커라고 말하는 것은 그가 쌍둥이자리라고 말하는 것과 유사하고, 다른 정보들은 그의 달별자리가 처녀자리이고 동쪽별자리가 전갈자리라는 것과 상응합니다. 하지만 추가 정보 없이 그가 뉴욕에 산다는 사실 하나만으로도, 그가 어느 도시 출신인지 모를 때보다는 훨씬 나은 상황에 있는 것이지요. 같은 방식으로 출생차트 없이 어떤 사람이 쌍둥이자리인지 사자자리인지 아는 것만으로도 불같은 성격의 사수자리를 대하고 있는지 현실적인 황소자리를 대하고 있는지 전혀 모를 때보다는 그 사람에 대해 많은 정보를 갖고 있는 셈입니다.

상세한 출생차트는 사람의 성격에 대해 보다 자세한 내용을 명확하게 드러내 줍니다. 출생차트를 보면 그의 삶 속에 녹아 있는 약물 중독, 자유분방한 성행위, 불감증, 동성애, 일부다처제, 정서장애, 가족으로부터의 소외, 또는 가족에 대한 집착, 숨겨진 재능, 경력 또는 부자가 될 수 있는 잠재성 등에 대해 두드러진 경향을 알 수 있습니다. 또한 정직과 부정직, 잔인함, 폭력, 두려움, 공포와 정신적 능력에 대한 경향도 분명하게 보여 줍니다. 이와 더불어 인생의 시기에 따라 일시적으로 두드러지는 성향도 잘 보여 줍니다. 뿐만 아니라 사고나 질병에 대한 민감함이나 면역력도 나타나고, 알코올, 섹스,

일, 종교, 자녀, 로맨스 등에 대한 숨겨진 태도 또한 드러나는 등 그 리스트는 무궁무진합니다. 정확하게 계산된 출생차트에 비밀이란 있을 수 없습니다. 개인의 자유의지가 경험하고자 하는 본인의 결정을 제외하고는 말이지요.

그러나 이렇게 완벽하게 분석하지 않더라도 누구나 태양별자리에 대한 이해만으로도 얻는 지식이 있으며, 태양별자리에 대한 지식은 우리가 서로에게 보다 더 관대할 수 있도록 해 줍니다. 상대방의 태도가 인간의 본성에 얼마나 깊이 뿌리 내리고 있는지 이해하고 나면, 당신은 그들의 행동에 대해 보다 더 동정심을 느끼게 됩니다. 태양별자리를 알고 나면, 냉정하고 균형 잡힌 전갈자리 부모가 보기에 불안하고 안절부절못하는 쌍둥이자리 아이가 실제로는 민첩하고 영리한 아이라는 사실을 깨닫고 인내심을 갖게 됩니다. 외향적인 학생은 내성적인 교사를 이해하게 되며 외향적인 교사는 내성적인 학생을 이해하게 됩니다. 처녀자리가 모든 머리카락을 한 올 한 올 가지런히 정리해야 하고 문제들을 철저히 조사하며 해결하기 위해 태어났다는 점을 이해하면 그들의 까다로움도 참을 수 있게 됩니다. 너무 바빠서 감사할 이유를 찾지 못하고 어디로 가고 있는지 알아채지 못하며 남의 발을 밟고 서 있어도 알아차리지 못하는 사수자리의 경솔함은 말할 것도 없습니다. 사수자리가 어떤 희생을 치르더라도 진실을 말할 수밖에 없는 사람이라는 사실을 알게 되면 그들의 솔직함에 상처를 덜 받게 됩니다.

염소자리 친구가 당신이 건넨 선물에 일언반구의 감탄사도 내뱉지 않아도 당신은 심하게 상처받지 않을 것입니다. 염소자리는 마음속으로 깊이 고마워해도 그 기쁨을 공개적으로 표현할 줄 모르는 사람들이라는 것을 알고 있으니까요. 염소자리가 타인에게뿐 아니라 스스로에게도 엄격한 원칙을 들이대는 사람들이라는 것을 알면, 의무를 강조하는 그들의 고집 때문에 덜 속상해하게 됩니다. 천칭자리의 끝없는 논쟁과 우유부단함도 단지 공정하고 공평한 결정을 내리기 위해 애쓰는 그들 태양별자리의 특징이라는 것을 알고 나면 보다 더 참을 만합니다. 물병자리가 당신의 사생활을 캐려고 할 때도 그들이 인간의 내적 동기를 조사해 보고 싶은 충동을 주체

할 수 없는 사람이라는 점을 떠올려 보면 그다지 무례하다는 생각은 들지 않을 것입니다.

아주 간혹, 태양별자리는 사자자리인데 행성 대여섯 개가 물고기자리인 사람도 있습니다. 물고기자리의 영향으로 인해 사자자리 특성이 매우 억제되므로 도무지 그의 태양별자리를 추측하기 어려울 수도 있습니다. 하지만 이런 경우는 아주 드물며, 당신이 열두 개 별자리 특성을 모두 잘 알고 있다면 그 사람은 자신의 진정한 본성을 영원히 감출 수 없을 것입니다. 물고기가 아무리 사자를 숨기려고 해도 사자자리 태양별자리는 절대로 완전하게 가려질 수 없으며, 당신은 그 사람이 부지불식간에 드러내는 사자자리 특성을 잡아 낼 수 있을 것입니다.

태양별자리를 파악하려고 할 때 표면만을 대충 보고 판단하는 실수를 절대로 범해서는 안 됩니다. 염소자리라고 해서 모두 온순한 것은 아니고, 사자자리라고 해서 모두 외견상으로 타인을 지배하려고 하지도 않을 뿐더러 처녀자리라고 해서 모두 처녀는 아닙니다. 가끔 예금 통장을 여러 개 가지고 있는 양자리도 있고, 조용한 쌍둥이자리도 있으며, 심지어 실용적인 물고기자리도 있습니다. 당신의 눈을 사로잡는 한두 가지 특징 그 이상을 보아야 합니다. 화려하게 치장한 염소자리가 사교계 명사들의 인명록을 힐끔거리는 순간을 포착해야 하고, 수줍은 사자자리가 자신의 허영심이 무시당했을 때 입을 삐죽거리는 모습도 볼 수 있어야 합니다. 드물게는 경박한 처녀자리가 단지 싸다는 이유만으로 살충제를 한 상자나 사는 장면도 목격하게 될 것입니다. 조용한 쌍둥이자리여서 말은 빠르지 않을 수 있지만 머리는 제트기 같은 속도로 회전하고 있을 수도 있고, 예외적으로 검소한 양자리라도 은행에 갈 때는 선홍색 코트를 입고 불친절한 은행원에게 말대꾸를 할 수도 있습니다. 그리고 아무리 실용적인 물고기자리라도 시를 쓰거나 추수감사절 때마다 여섯 명의 고아를 초대하기도 할 것입니다. 눈을 크게 뜨고 잘 보면 어떤 별자리도 자신을 온전히 감출 수 없습니다. 심지어 애완동물도 태양별자리의 특징을 여과 없이 보여 준답니다. 처녀자리 고양이의 밥그릇을 낯선 곳에 옮겨 놓거나 사자자리 강아지를 무시하는 일이 없기를 바랍니다.

유명 인사나 정치인, 문학 작품 속의 주인공들을 대

상으로 별자리를 맞혀 보는 것도 재미있습니다. 그들의 별자리가 무엇인지 추측해 보거나 그들이 어떤 별자리 특징을 대변하고 있는지 짐작해 보세요. 이런 작업을 통해 당신의 천문해석학적인 재치는 더욱 예리해질 것입니다. 만화책의 주인공들도 시도해 볼 만한 대상들입니다. 찰리 브라운은 분명히 천칭자리일 것이며, 루시의 경우에는 동쪽별자리는 양자리이고 달별자리는 처녀자리에 태양별자리가 사수자리일 확률이 높습니다. 스누피는 누가 봐도 물병자리 개입니다. 희한한 스카프를 두르는가 하면 제1차 세계대전 당시의 비행기 조종사 헬멧을 쓰고 개집 위에서 붉은 남작*에 대한 상상의 나래를 펼치고 있는 걸 보면 틀림없습니다.(또한 해왕성과 충돌 각도를 맺고 있을 것입니다.) 이런 식으로 직접 누군가의 별자리를 생각해 보면 그 재미가 제법 쏠쏠합니다. 하지만 이보다 더 중요한 것은 태양별자리 맞히기 게임을 할 때 매우 진지하고도 유용한 것을 배우게 된다는 점입니다. 사람

---

* 붉은 남작(Red Baron): 제1차 세계대전 당시 전투기 80여 대를 격추한 독일 공군의 에이스 리히트호펜(Richthofen, 1892~1918)의 닉네임이다.

들의 숨겨진 꿈과 비밀스러운 소망과 참된 성격을 어떻게 인식할 것이며, 그들을 좋아하는 법과 그들이 당신을 좋아하게 만드는 법 그리고 당신이 알고 있는 그들을 제대로 이해하는 법을 터득하게 될 것입니다. 당신이 그들 마음속에 숨어 있는 무지개를 찾아 나설 때, 세상이 더 행복해지고 사람들이 더 멋져 보이게 됩니다.

인생에서 가장 중요한 부분은 타인을 제대로 이해하는 것 아닐까요? 링컨 대통령이 이런 점에 대해 아주 간단하고 명백하게 말한 적이 있습니다.

"문명의 가장 중요한 기능은 서로 익숙하지 않은 사람들 사이에서 의도하지 않은 적대 관계로 인해 발생하는 크고 작은 인간의 사악함을, 국가적으로 또는 개인적으로 바로잡는 것이다."

지금 당장 태양별자리 공부를 시작하고 터득한 내용을 신중하게 적용해 보세요. 당신이 사람들 본연의 모습을 하나씩 벗겨 낼 때마다 사람들은 당신에게 어떻게 그런 새로운 통찰력이 생겼는지 궁금해할 것입니다. 실제로 열두 개 태양별자리를 이해하는 것만으로도 당신의 삶을 바꿀 수 있습니다. 당신은 지금 단 한 번도 마주친 적이 없는 미지의 사람들을 이해하기 위한 여정을 시작하려고 합니다. 하지만 머지않아 당신은 친구들은 물론이고 낯선 이들도 더 가깝게 느끼게 될 것입니다. 정말로 멋진 일 아닌가요?

당신을 알게 되어 행복합니다.

린다 굿맨

천칭자리

Libra, the Scales

9월 24일부터 10월 23일까지

지배행성 - 금성

출래? 말래? 출래? 말래?
영국에서 멀어질수록 프랑스에는 가까워져.

트위들덤을 이어 트위들디가 말했어요.
"반대로, 그게 그런 것이라면 그렇지.
그럴 수 있는 것은 그럴 테고.
하지만 아닌 것이라면 아니지. 그것이 논리야."

천칭자리를 알아보는 방법

♎

"네 얼굴은 다른 사람들하고 똑같아.
눈이 두 개고 또… 가운데 코가 있고 그 밑에 입이 있지. 다 똑같아.
만약에 네 눈이 코 옆에 붙어 있다거나, 맨 위에 입이 있다거나 하면
훨씬 도움이 될 텐데 말이야."

천칭자리는 무례한 행동을 혐오하면서도 정작 자신은 당신의 집에 왔을 때 비뚤게 걸려 있는 액자를 맘대로 바로잡고 텔레비전을 함부로 꺼 버릴 것입니다. 천칭자리는 사람들을 정말 좋아하지만, 큰 모임은 싫어합니다. 평화의 상징인 비둘기처럼, 이들은 사람들 사이의 싸움을 중재합니다. 하지만 본인은 논쟁을 즐기기도 합니다. 천성이 온화하고 유쾌한 사람들이지만, 잘 토라지기

도 하고 타인의 지시에 따르는 것도 싫어합니다. 총명하지만 동시에 믿을 수 없을 만큼 순진하고 잘 속기도 합니다. 쉴 새 없이 떠들기도 하지만, 남의 얘기를 정말 잘 들어 주기도 합니다. 천칭자리는 가만히 있지 못합니다. 하지만 좀처럼 급하게 서두르지 않습니다. 어때요. 정말 혼란스럽지요? 당신만 그렇게 느끼는 것이 아니랍니다. 천칭자리는 남들도 당황스러워하지만 본인 스스로도 당황할 만큼 심각한 모순을 내재하고 있습니다.

많은 사람들이 천칭자리는 정말 사랑스럽고 아름답고 유쾌하다고 말합니다. 틀린 말은 아니지만 좀 더 정확하게 표현할 필요가 있습니다. 유진 오닐*과 같은 천칭자리도 있으니까요. 천칭자리를 상징하는 것이 정의의 황금 저울이라고 해서 천칭자리가 언제나 완벽한 균형을 이루고 있다고 생각하면 오산입니다. 저울은 결국 늘 균형을 맞추려고 노력하는 존재입니다. 한의원에서 저울로 한약재의 무게를 재는 것을 본 적이 있나요? 궁

---

* 유진 오닐(Eugene O'Neil, 1888~1953) : 미국의 극작가. 퓰리처상 네 번에 노벨 문학상까지 받았지만 개인적인 삶은 매우 불우했다.

극적으로는 양쪽의 높이를 똑같이 맞추는 것이 목표이지만 실제로는 어떻던가요? 처음에는 한쪽이 낮고 그 다음에는 반대쪽이 낮아집니다. 이쪽저쪽 기울다가 마침내 균형이 맞을 때까지 약재를 덜어 내지요. 자주 가는 한의원이 있다면 가서 저울 사용법을 확인해 보세요.(한의사에게는 그럴 듯한 핑계를 대시고요.)

앞으로는 천칭자리가 침착하고 완벽하게 조화로우며, 사랑스럽고 우아하고 매력적인 사람이라고만은 생각하지 않게 될 것입니다. 이런 기질은 절반의 시간 동안에만 나타납니다. 나머지 시간 동안에는 천칭자리는 짜증스럽고 싸움을 좋아하며, 고집 세고 침착하지 못하고 우울하면서도 갈팡질팡하는 사람이 될 수 있습니다. 천칭자리는 기분이 좋았다가도 바로 다음 순간 기분이 나빠지기도 한답니다. 시계추처럼 한쪽으로 갔다가 반대편으로 움직입니다. 그러다가 갑자기 저울처럼 완벽한 균형을 이루기도 합니다. 그런 순간에는 정말 유쾌한 상태가 되지요. 하지만 그렇게 기분이 날아갈 듯한 완벽한 균형의 순간이 오기까지는 계속 무게를 재고 덜어 내야 하는 고통의 시간을 보냅니다.

천칭자리를 외모로 알아보는 일은 이들을 성격으로 파악하는 일만큼이나 집중력이 필요합니다. 금성의 보조개를 제외하고는 천칭자리의 전형적인 모습이라고 할 만한 게 없습니다. 천칭자리의 특징은 거의 항상 반듯하고 균형이 잘 맞는다는 점이죠. 좋은 내용이기는 하지만 두드러지는 특징은 아니므로 일단 보조개부터 시작하는 것이 쉽습니다. 천칭자리는 대개 양 볼이나 턱 쪽에 보조개가 있습니다. 얼굴에 보조개가 없다면 무릎이 약간 들어갔는지 확인해 보세요. 대부분의 천칭자리는 무릎에 옴폭 들어간 곳이 있습니다. 하지만 조심해야겠죠. 여성의 무릎을 뚫어져라 쳐다보면서 천칭자리인지 확인해 보고 싶어서였다고 한다면 믿어 줄 사람이 별로 없을 테니까요. 들키지 않게 잘 살펴보세요. 남성의 경우라면 대부분 긴 바지를 입으니 해변에 있거나 테니스를 치는 경우가 아니라면 확인할 방법이 없겠네요. 보조개가 있는데도 천칭자리가 아니라 해서 너무 실망하지는 마세요. 그 매력적인 보조개는 그냥 생기지 않습니다. 아마도 동쪽별자리가 천칭자리일 테니 당신이 틀렸다고는 할 수 없죠.

금성의 보조개를 확인한 뒤에는 얼굴 전체의 느낌을 살펴보세요. 천칭자리는 늘 매우 유쾌한 표정을 하고 있습니다. 천칭자리는 화가 났을 때에도 온화한 인상을 지울 수 없답니다. 온화하지 않다면 적어도 무표정할 것입니다. 금성의 목소리는 전형적으로 달콤하고 마치 종소리처럼 맑아서, 천칭자리는 좀처럼 날카롭게 소리 지르거나 고함치지 않습니다. 천칭자리는 "당신을 정말 증오해요. 당신 얼굴에 주먹을 한 방 날려 주고 싶어요."라고 말하면서도 그게 마치 "그대를 어떻게 사랑할까요?"라는 브라우닝의 시를 낭독하는 것처럼 들리게 하지요. 입은 대체로 활 모양이고, 입술은 마치 체리 와인 같은 붉은빛을 띱니다. 실제로 전형적인 천칭자리의 얼굴은 봉봉 사탕 상자를 떠올리게 합니다. 아니면 설탕 과자? 어떤 천칭자리는 마치 인간 롤리팝 사탕이나 크림을 잔뜩 얹은 캐러멜 아이스크림 선디처럼 보입니다. 실제로 천칭자리는 이런 것들을 좋아해서 혹시 천칭자리가 이 글을 읽고 있다면 지금쯤 배가 고파서 힘이 빠질 거예요.

천칭자리 여성은 거의 예외 없이 예쁘고, 남성은 대

부분 미남이라는 말을 듣습니다. 하지만 잘생긴 사람들이 모두 다 천칭자리는 아니지요. 금성의 아름다움은 모두에게 공평해서 다른 태양별자리에 속해 있는 아름다움과 구별하기가 쉽지 않습니다. 천칭자리를 알아보는 저만의 비결은 드와이트 아이젠하워*와 브리지트 바르도**의 사랑스러운 표정을 떠올리는 데에서 출발하는 것입니다. 문제는 가끔 여성인데도 아이젠하워처럼 생길 수 있고, 남성인데도 바르도처럼 생길 수 있다는 점이지요. 약간의 오차는 감안해 주세요.

천칭자리 여성이 남성적이라는 말은 아닙니다. 대부분의 천칭자리 여성은 일반적인 남성들이 다들 수긍할 만큼 여성적입니다.(공격적인 동쪽별자리가 있지 않다면요.) 반대로 천칭자리 남성이 여성스럽다는 뜻도 아닙니다. 대부분의 천칭자리 남성은 남성미가 넘치는 매력남들입니다. 하지만 천칭자리의 남성미에는 고유의 매력이 있습니다. 레슬링 선수나 격투기 선수의 남성미와는

---

* 드와이트 아이젠하워(Dwight Eisenhower, 1890~1969) : 미국의 장군이자 제34대 대통령.

** 브리지트 바르도(Brigitte Bardot, 1934~) : 프랑스의 영화배우.

사뭇 다릅니다. 제 아무리 사람들이 못생겼다고 하는(물론 정말 드문 경우입니다.) 천칭자리라도 어딘가 상당히 매력적이라는 느낌을 지울 수 없고, 또 그 사람의 얼굴에서 진정한 아름다움이라 할 무언가를 발견하기도 합니다.

천칭자리를 보면 하늘에 떠 있는 구름처럼 부드럽고 새하얀 미소를 짓고 있는 경우가 많답니다. 그 금성의 미소는 스무 걸음쯤 떨어져 있는 초콜릿도 녹일 수 있답니다. 그 미소는 평범하고 소박한 사람도 멋져 보이게 만드는 광채를 뿜어냅니다.

대부분의 천칭자리는 각진 체형보다는 완만한 곡선이 많은 체형입니다. 머리카락은 곱슬머리인 경우가 많습니다. 뚱뚱하지는 않지만 마르지도 않습니다.(동쪽별자리가 황소자리라면 좀 통통한 체형일 수 있겠죠.) 하지만 다이어트를 하면 상당히 마른 체형이 될 수도 있습니다. 그렇더라도 곡선은 여전히 남아 있어서 마치 모래시계처럼 보일 것입니다. 브리지드 바르도를 다시 예로 들어보면, 그녀는 뚱뚱하다고 할 수도 없지만 말랐다고 하기도 어렵습니다. 금성의 외모와 신체적인 특징을 제대로 알아보려면 한 가지를 더 알아야 합니다. 그것은 아주 유쾌하게 들리는 밝고 경쾌한 웃음소리입니다. 한번 들으면 잘 잊히지 않는 웃음소리이지요.

이쯤 되면 천칭자리는 보조개를 달고 태어났고, 미와 사랑을 추구하는 매력적인 사람이며, 남들도 즐겁게 하고 본인도 곧잘 즐거워하는 사람이니 특별한 축복을 받았다는 생각이 들지요? 그 부드러움과 우아함 그리고 이해심은 다름 아닌 신의 선물이라는 생각이 들지도 모릅니다. 아마도 당신 생각이 맞을 거예요. 천칭자리의 저울이 균형을 이루는 순간에는 마치 하늘에서 내려온 천사를 만난 것처럼 한없는 기쁨으로 즐거워집니다. 하지만 그 천사는 지팡이로 저울의 이쪽저쪽을 계속 건드려서 천칭자리가 이리저리 기울어지게 만듭니다. 실수든 아니든 그 천사는 변덕스러운 마음을 다잡지 못하고 자신의 우유부단함을 자신의 별자리인 천칭자리에게 떠넘긴다고나 할까요? 이럴 때 천칭자리는 일단 큰 소리로 장황하게 말하면서 대화를 독점합니다. 그러다가 다음 순간 골똘히 상대방의 이야기를 들어 주면서 무척 흥미로워합니다. 또한 사람들 사이에 다툼이 생기면 평화 유지군 역할을 자처하면서 사람들의 감정을 달래 주기도 합니다. 그러다가는 바로 돌아서서 의도적으로 다른 사람 편을 들기 시작합니다. 천칭자리는 이런 식으로 자기가 좋아하는 논쟁을 끊임없이 촉발시킵니다.

천칭자리는 조화를 추구합니다. 하지만 지나치게 음식과 술과 사랑에 탐닉해서 완전히 망가지는 경우도 상당수 있습니다. 그런 천칭자리는 실제로 몸은 하나인데 머리가 두 개라서 움직일 때마다 서로 엇갈린 방향으로 가려고 하는 동물을 연상시킵니다.

천칭자리의 본성 자체는 게으르다고 알려져 있는데, 이것 역시 모순이 내재된 특징 중에 하나입니다. 며칠, 몇 주, 몇 달 동안 계속 너무 바빠서 놀 수 없는 경우도 있으니까요. 밤을 꼬박 새고도 다시 새벽같이 일어나 초롱초롱 눈을 반짝이기도 합니다. 그런 천칭자리는 바라보는 것만으로도 피곤해지지요. 그러다 갑자기 "너무 피곤해." 하며 의자에 털썩 주저앉아 게으름의 극치를 보여 줍니다.(그렇게 정신없이 바쁘게 일하다가 말이지요.) 천칭자리가 한번 소파에 벌렁 누우면 손가락 하나 까딱하지 않고 그대로 있을 것입니다. 숟가락을 들거나 안경을 집기도 쉽지 않습니다. 주변에 누군가 도와줄 만한 사람이 있다면 자기의 손과 발이 되어 주기를 바랄 것입니다. 천칭자리의 저울이 무기력 쪽으로 기울면 증기기관차로 끌어도 꼼짝하지 않습니다. 말하고, 책 보고, 하품하고, 재채기하고, 텔레비전 보고, 창밖을 멍하니 내다보다가 심지어 침실로 들어가는 것조차 힘들어 합니다.(결국 들어가기는 합니다.) 아무리 잔소리를 하고 고함을 쳐 봐도 천칭자리에게는 별로 효과가 없습니다. 마치 딴 세상에 있는 것 같습니다. 시간이 지나 원기를 회복하면 다시 넘치는 에너지로 칙칙폭폭 달려갈 것입니다. 손과 발이 거의 보이지도 않을 지경입니다. 마구를 끄는 노새처럼 열심히 일하고 자질구레한 일을 조화롭게 계획해서 효율적이고도 쉽게 처리하며, 꾸준함도 유지할 것입니다. 천칭자리는 이중적인 별자리가 아님에도 불구하고 그의 친구들에게는 전혀 다른 두 사람으로 보이기도 합니다. 상승기의 천칭자리를 자주 본 사람에게 천칭자리는 게으르다고 얘기하면 그는 당신을 물끄러미 쳐다볼 것입니다. 반대로 하강기의 천칭자리를 자주 본 사람에게 천칭자리는 의욕에 넘치는 사람이라고 얘기하면 "그 게으름뱅이가요? 설마……."라고 반응할 것입니다.

천칭자리는 자기 몸의 균형을 유지하기 위해 활동한 뒤에 완벽한 휴식으로 스위치를 전환해야 한다는 것을 본능적으로 알고 있습니다. 몸의 유전자와 세포, 그리고 전자기파의 상태가 그 전환 시점을 알려 줘서 천칭자리는 육체적 균형을 섬세하게 잘 관리할 수 있습니다. 하지만 이성과 감성을 조화롭게 유지하는 일에는 본능이 제 역할을 하지 못하는 듯합니다. 천칭자리는 매우 감상적인 상태에 빠져 울다가도 갑자기 날카로운 냉소를 날리기도 하며, 그러다가 또 봄을 알리는 개똥지빠귀처럼 경쾌해지기도 합니다. 하지만 이런 변화는 쌍둥이자리의 이중적인 모습과는 다릅니다. 천칭자리는 끊임없이 하나의 감정에서 다른 감정으로 차례로 빠져드는데, 이런 모습은 쌍둥이자리가 완전히 성격을 바꾸는 것과는 다릅니다. 천칭자리가 어떤 순간에 어떤 감정을 드러내더라도, 그 감정에는 풍부한 깊이가 있답니다. 뿐만 아니라 슬픔이나 기쁨을 철학적으로 바라보기 때문에 결국에는 일을 원만하게 해결하는 경우가 많습니다.

천칭자리는 본능적으로 분별심이 있기 때문에 정신적으로도 육체적으로도 건강을 지킬 수 있습니다. 몸과 마음이 심각하게 망가지는 경우는 거의 없습니다. 이들의 건강에 있어 가장 큰 위험 요소는 탐닉입니다. 단 것을 지나치게 먹어서 위에 이상이 생기거나 피부에 반점이 생길 수 있습니다. 지나친 음주로 인해 신장이나 방광에 문제가 생기고 그 결과로 심한 편두통이 생길 수도 있습니다. 또한 우울증에 시달리면 피부에 가려움증이나 부스럼이 생길 수도 있습니다. 가슴도 예민한 신체 부위이고 가끔은 발 쪽에 질병이 생기거나 일반적이지는 않지만 장에 이상이 생기기도 합니다. 종양도 천칭자리를 많이 괴롭히는데, 이것은 걱정이 많아서라기보다는 소화기관을 무리하게 사용하거나 정서가 불안정하기 때문이라고 볼 수 있습니다. 자신을 너무 몰아세우지 않고 꼬박꼬박 휴식을 취해 준다면, 천칭자리는 대체로 다른 사람들보다 건강한 편입니다. 수호행성 금성의 평화와 조화로움이 천칭자리의 건강에도 기적 같은 효과를 만들어 냅니다. 천칭자리가 아플 때는 장기간의 휴식이 필요하고, 유쾌한 책, 부드러운 음악, 그리고 위로의 말이 필요하며, 조화로운 정서 상태를 유지해야 합니다. 이런 환경이라면 대부분의 전형적인 천칭자리는 조만간 다시 일어나 예전의 날렵함을 과시할 수 있을 것입니다.

천칭자리의 성격은 친절함, 부드러움, 공정함, 아주 고집스럽게 따지는 경향, 복종에 대한 완강한 저항, 철학적 논리와 망설임이 골고루 섞여 있습니다. 이 구성 요소들을 하나하나 살펴보는 것이 좋습니다. 예를 들어, 잘 따지는 성격에 대해 살펴봅시다. 천칭자리는 정확한 시간이 몇 시인지를 놓고 당신 시계가 2초 느리다고 논쟁을 벌이는 사람입니다. "십대들이 이 나라를 망치고 있다."라는 식으로 주제를 일반화하면 절대로 논쟁을 피할 수 없습니다. 비록 자기 아이들이 반항적인 체제 거부자라 할지라도, 평화 봉사단을 필두로 세계에 훌륭한 젊은이들이 얼마나 많이 있는지에 대한 논리적이고 신중한 논설을 펼칠 것입니다. "오늘날 사법 체계가 부패해서 판사들과 변호사들도 정직하지 못하다."라는 말을 듣는다면 이 나라에서 신성한 정의가 보호되고 있는 수많은 사례에 대하여, 배심원 제도의 미덕과 입법자들의 문제에 대하여, 로마의 법에서부터 나폴레옹 법전까지 법이란 법을 죄다 거론하며 몇 시간이고 얘기할 것입니다. 무심코 "시골에 살 수 있는데도 도시에 사는 것은 어리석은 일이다. 둘은 비교가 안 된다."라는 식으로 이야기하면 안 됩니다. 특히 마지막 표현은 큰 실수입니다. '비교'라는 말을 듣자마자 일반적인 천칭자리는 평정을 잃고 달려듭니다. 그는 밤새도록 그 두 가지를 비교하며 논쟁을 벌일 것입니다. 시골과의 비교를 통해, 도시의 아름다움과 혜택을 극찬할 것입니다. 비록 자신은 교외에 살고 있더라도 도시의 현란한 조명과 빵빵거리는 택시, 극장, 박물관, 공원 들을 매력적인 언어로 묘사할 것입니다. 당신에게 반대 의견이 있더라도 상황은 별 차이가 없습니다. 천칭자리는 도시에서 증가하고 있는 십대 범죄율과 법정의 부패, 그리고 시골 생활의 즐거움에 대해서 자세히 설명할 것입니다. 논쟁에서 어느 쪽 입장에 서는가는 천칭자리에게 별로 중요하지 않습니다. 반대편에 서기만 하면 됩니다. 가끔 지루해지면 중간에 입장을 바꾸기도 합니다. 당신이 어떤 영화가 좋다고 하면, 그는 그 영화의 문제점을 지적할 것입니다. 만약 당신이 그 영화를 비판하면, 거꾸로 그 영화를 칭찬

할 것입니다. 당신이 새로 나온 책을 극찬하면, 그는 그 책의 단점을 열거할 것이고, 당신이 그 책이 지루하다고 하면 그는 그 책의 미덕에 대해 얘기할 것입니다. 이렇게 논리적인 추론을 계속하는 과정에서 천칭자리는 공정한 태도를 취하려는 것이지요. 천칭자리는 편견과 부당한 비난, 그리고 맹목적인 신뢰를 모두 똑같이 싫어합니다. 그는 모든 가능성을 다 고려한 후에 얻을 수 있는 정확한 답을 찾고자 합니다. 그 답으로 가는 길, 그 종착지에서 만날 진실과 정확한 균형을 추구하는 것이지요.

모든 측면을 다 고려하려는 천칭자리의 태도는 높이 평가할 만한 자질입니다. 하지만 확신에 찬 사람들을 격하게 만들 수도 있고, 스스로를 끊임없이 우유부단한 상태로 몰아넣을 수도 있습니다. 이런 성향을 잘 조절하는 천칭자리들도 이런저런 가능성을 고려하지 않고 즉각적인 결정을 내리는 것은 싫어합니다. 공평함은 집착으로 이어질 수도 있습니다. 천칭자리 장군은 조화롭고 균형 잡힌 판단력을 무기로 탁월한 전략가가 될 수 있고, 치밀한 계획으로 전투를 시작하기도 전에 이미 승리를 거둘 수 있습니다. 천칭자리는 모든 요소를 고려하고 불안과 화를 진정시키는 능력으로 탁월한 중재자가 되기도 합니다. 신뢰가 사라진 지 오래되어 지금은 증오밖에 남지 않은 사람들이 서로 화합하도록 만들 수 있습니다. 천칭자리는 모두 전쟁 때문에 속으로 가슴앓이를 합니다. 이들은 유혈 사태를 증오하지요. 10월에 태어난 장교라면 결국 수천 명의 목숨을 구하고 자기편의 승리를 보장할 뛰어난 전략 전술을 세우겠지만, 발포 명령만은 다른 사람이 내리도록 할 것입니다.

결정을 미루는 성향과 상반되는 요소가 출생차트 상에 있는 사람이라면 교착 상태에 빠질 수 있습니다. 아침에 일어나서 침대의 어느 쪽으로 나올지 결정하지 못하는 사람은 말할 것도 없고, 아침에 신을 신발을 고르지 못하는 사람도 있습니다. 사무실이나 연회장에서 만나는 일반적인 천칭자리들조차도 당신에게 신경과민이 생길 정도로 이렇게 저렇게 모든 면을 재고 또 재면서, 결정 한 번 내리는 데에 한참 시간을 끕니다. 그들은 이런 식으로 말합니다. "내가 이렇게 하면 이러저러한 일들이 생길 거예요. 다른 한편으로는(천칭자리가 늘 즐겨 쓰는 말이죠.) 내가 저렇게 하면 이러저러한 결과가 발생합니다." 천칭의 저울은 미친 듯이 널을 뜁니다. 의심 많은 천칭자리가 '왜', '무슨 이유로', '무엇 때문에'라는 말을 반복하는 모습을 지켜보는 일은 세상에게 가장 고통스러운 일입니다. 결정을 내리는 동안 누군가가 자기를 재촉하거나 몰아세우는 것도 싫어합니다. 성질 급한 사람은 천칭자리를 황소자리도 울고 갈 정도의 완강한 고집쟁이로 바꿔 버릴 수 있습니다. 성급함은 천칭자리가 가장 싫어하는 성격입니다. 변덕이 심하고 성급하고 충동적이며 결과를 신중하게 고려하지 않는 사람들은 천칭자리를 신경과민에 걸리게 할 수도 있습니다.

재미있게도, 천칭자리는 항상 자신의 우유부단함을 바로 부인합니다. 천칭자리의 특징을 설명해 주면 그들은 "난 전혀 우유부단하지 않아. 그건 옳은 표현이 아니야. 분명히 나를 제대로 설명하는 말이 아니야."라고 말합니다. 웃지 마세요. 그 말인즉슨, 비록 자기가 마음을 결정하는 데에는 지독하게 시간이 오래 걸리지만(아주 편리하게도 천칭자리는 이 사실을 잊어버립니다.) 일단 결정을 내리고 나면 그 결정에 대해서는 확고한 믿음을 가지고 있다는 뜻이니까요. 시간만 충분하다면 이런 확고한 신념을 바탕으로 그 궁극의 결정을 단행하고는, 본인이 단호하면서도 결단력 있는 사람이라고 믿어 버립니다. 하지만 우리까지 오해할 필요는 없지요. 어쨌거나, 그가 자기는 뭘 결정하는 일이 전혀 어렵지 않다고 말하는 것은 전형적인 천칭자리식 논쟁을 시작하는 것이니 바로 그 점을 지적해 주세요. 자신의 천문적인 특징을 부인하는 와중에도 자기 태양별자리의 실제 모습을 스스로 증명하고 있음을 깨닫게 해 주는 것도 좋습니다. 당신의 분석을 부인하면, 의기양양한 표정으로 "당신이 그런 입장을 취할 거라고 생각했어요. 천칭자리는 모든 것에 대해 항상 논쟁을 하지요."라고 말해 주세요. 그러면 천칭자리는 무척 당황하겠지만, 그가 진실을 깨닫는 데에 도움이 될 것입니다. 그리고 진실은 천칭자리가 추구하는 것이죠. 천칭자리는 그 안에 있는 논리를 볼 수밖에 없습니다. 그 친구에게 공평하지도 않고 양쪽 측면을 다 고려하고 있지도 않다고 말해 주면 콧대가 좀 꺾일 것입니다.

천칭자리 중에는 심한 괴짜거나 아주 잘난 척하는 사람도 극소수 있습니다. 하지만 대부분은 바람에 우아하게 흔들리는 보리밭처럼 건전하고 균형 잡힌 태도를 보입니다. 사업적인 거래에 있어서도 매우 정직하고, 일을 부주의하게 처리하는 경우가 거의 없습니다. 천칭자리는 시간이 걸리더라도 처음부터 제대로 하려고 합니다. 이들은 과장을 싫어하고 누군가가 과도하게 분노와 열정을 드러내면 불쾌해 합니다. 하지만 본인도 인내심의 한계 이상으로 압박을 받으면 분노와 열정을 과하게 드러내고 말지요. 대부분의 천칭자리는 정신을 집중하고 심오한 주제를 숙고하는 능력이 탁월합니다. 태어날 때부터 책을 사랑하는 천칭자리는 인쇄 매체에 대한 경외감 때문에 문고판 책을 경멸하기도 합니다. 양장본이 아니면 책이 아니라고 여깁니다. 문고판 책에서는 책 고유의 냄새도 나지 않고 책 같은 느낌도 들지 않는다고 생각합니다. 천칭자리의 집에는 분명히 커다란 책장이 있겠지요?

천칭자리는 소리와 색깔의 조화로움을 추구하고, 언어를 적절하게 구사하며 아름다운 글을 사랑합니다. 또한 예술적인 경향도 많이 나타납니다. 천사가 천칭자리의 저울 한쪽을 톡 건드리면 어떤 모습이 튀어나오든

간에, 천칭자리는 기본적으로 맑고 선한 것을 사랑하는 다정하고도 부드러운 사람들입니다. 천칭자리는 또한 예술적인 영혼을 지니고 있어서, 파티나 문화 행사에 금성의 부드러운 푸른빛과 파스텔 톤을 널리 퍼뜨립니다. 천칭자리의 마음에는 다이아몬드의 광채와 오팔의 부드러움이 모두 존재합니다. 공기처럼 변화하는 성질이 있는 모든 것에 공감하는 이들의 기질은, 천칭자리를 상징하는 금속인 구리의 유용성을 잘 반영합니다. 기민한 추론 능력과 명예를 중시하는 마음에서는 언제나 상쾌한 천칭자리표 민트향이 풍겨 나오고, 그의 머리 위에는 금성이 비추는 평화의 빛줄기가 늘 빛나고 있습니다.

천칭자리를 제대로 이해하려면 저울의 수수께끼를 이해해야 합니다. 저울 한쪽에는 선명한 가을날을 상징하는 생생한 단풍이 가득 담겨 있고, 다른 한쪽에는 4월에 내리는 봄비의 싱그러움을 머금고 수줍어하는 보랏빛 제비꽃 다발이 담겨 있습니다. 저울이 한쪽으로 기울면 밝은 낙관주의는 침묵의 혼란 상태로 빠져들고 고독한 우울함에 젖어듭니다. 저울이 균형을 이루고 있을 때에는, 풍부하고도 날카로운 지성과 인정 넘치고 동정심으로 가득 찬 마음이 완벽하게 조화를 이룹니다. 계절은 천칭자리의 비밀을 담고 있습니다. 여름은 천칭자리에게 너무 덥고 겨울은 너무 춥지요. 천칭자리는 여름과 겨울을 섞어서 완벽한 봄과 가을을 만들어 내야 한답니다.

천칭자리로 알려진 유명인

브리지트 바르도Brigitte Bardot

엘리너 루스벨트Eleanor Roosevelt

오스카 와일드Oscar Wilde

유진 오닐Eugene O'Neill

존 레넌John Lennon

줄리 앤드루스Julie Andrews

찰리 브라운Charlie Brown

칠턴 헤스턴Charlton Heston

티 에스 엘리엇T. S. Eliot

프리드리히 니체Friedrich Nietzsche

드와이트 아이젠하워Dwight Eisenhower

마하트마 간디Mahatma Gandhi

*스팅Sting

*귀네스 팰트로Gwyneth Paltrow

*지미 카터Jimmy Carter

*마거릿 대처Margaret Thatcher

*김선아

*김아중

*박세리

*박태환

*배두나

*송승헌

*차인표

*현빈

천칭자리 남성

♎

"젊었을 때 난 법에 종사하여 아내와 매번 논쟁을 벌였네.
덕분에 턱에 근육이 생겨 이렇게 평생 버티지 않겠나."

천칭자리 남성에게서는 공짜로 조언을 많이 들을 수 있습니다. 당신이 껴안고 있는 온갖 골칫거리에 대한 완벽한 해답을 제시해 주고, 분야를 막론하고 당신의 어떠한 질문에도 완벽한 답을 줄 것입니다. 하지만 소녀 같은 당신의 꿈에 대해서는 답을 기대해 봤사 소용없습니다. 오히려 천칭자리 남성은 당신의 순정만화 같은 꿈을 바꿔 놓으려 들거나, 이 꿈을 주제로 사람들과 논쟁을 벌일 것입니다. 천칭자리 남성은 옻나무 덩굴을 건드린 악어처럼 심기가 뒤틀리기도 하고, 사랑을 포함해서 모든 일을 합리화하는 습관이 있기 때문에 당신은 몹시 화가 나거나 대책 없는 패배감에 젖을 수도 있습니다.

하지만 천칭자리 남성의 매력에 일단 사로잡히면 헤어나기 어렵다는 점을 기억해 두세요. 차라리 곰 잡는 덫에서 빠져나오는 일이 더 쉬울 것입니다. 당신이 도망가려고 하면 그는 아주 논리적이고 지적인 논쟁을 시작합니다. 당신이 하버드대 로스쿨을 졸업하지 않은 이상 그를 이길 가능성은 없습니다. 당신이 흉내조차 내기 어려운 논리적인 추론을 사용할 뿐만 아니라, 너무나 사랑스럽고 부드러운 태도를 유지하기 때문에 화를 낼 수도 없습니다. 결국 그 전에 당신을 화나게 했던 천칭자리의 짜증나는 성격은 까맣게 잊어버리고 맙니다. 그리고 그때 천칭자리 남성이 미소라도 지으면 당신에게 변화가 일어납니다. 당신의 마음이 바뀐 것이죠.

그 순간부터 전투는 끝나고 맙니다. 그의 꿈은 당신의 꿈이 되고, 그를 행복하게 해 주는 일 이외에 다른 것은 중요하지 않게 됩니다. 당신은 목마른 여행자가 되어

생존을 위해 그의 미소를 갈구하게 됩니다. 마음이 돌처럼 단단한 여성만이 천칭자리의 미소를 거부할 수 있습니다. 하지만 그런 여성이라도 천칭자리의 순수함에 끌리지 않겠다고 마음을 두 번 세 번 단단히 다잡아야 합니다. 천칭자리의 매력은 전갈자리의 최면술과는 다릅니다. 천칭자리의 매력은 논리적이고 실제적이어서 초자연적인 면이 없습니다. 그저 상식적으로 굴복하게 되는 것이죠.

다른 한편으로는(천칭자리가 가장 좋아하는 말이지요), 천칭자리의 저울이 어떤 모순으로 인해 좌우로 미친 듯이 흔들리는 시기가 있습니다. 그러면 당신은 그에게 고함을 질러야 하고, 산책이라도 나가려면 등을 떠밀어야 하고, 그의 관심을 끌려면 물구나무서기라도 해야 하고, 그를 움직이게 하려면 억지로 시켜야만 할 것입니다. 비록 천칭자리 지배행성이 금성이기는 하지만, 천칭자리 남성과의 생활이 늘 원만하고 고요할 거라는 순진한 기대는 버려야 합니다. 그리스 신화를 보면 사랑의 여신 비너스가 제 역할을 다하지 못할 때도 있답니다. 하지만 저울이 균형을 이루었을 때 천칭자리와 함께하는 삶을

맛보면, 신들의 음료인 황금 암브로시아를 마신 것처럼 도취될 수 있습니다. 당신은 올림포스 산에서 행복을 만끽했던 신들처럼 평화롭고 행복한 삶을 누릴 수도 있답니다.

천칭자리 남성에게 결정을 내리라고 하는 것보다는 야생 버펄로를 길들이는 것이 훨씬 쉽습니다. 게다가 그는 결정을 내리고 나서도 자기가 실수했다는 생각이 들면 예고 없이 번복하곤 합니다. 제가 아는 어떤 여성은 천칭자리 남성과 사업적인 협력 관계를 맺으려고 했는데, 덕분에 이 전설적인 천칭자리의 유별난 성격을 공부하는 데에 적지 않은 수업료를 지불했다고 합니다. 두 사람은 어느 여름날 아침에 함께 식사를 하면서 미래에 대한 열정적이고 낙관적인 계획을 논의했습니다. 그 천칭자리 남성이 회사로 돌아가는 길에 그녀를 내려 주고 난 뒤, 그녀는 걱정이 들기 시작했습니다. 그 남성이 했던 약속들은 사실이라고 믿기에는 너무 근사한 것이어서, 자신이 제대로 들었는지 확인해 보려고 전화를 했습니다. 천칭자리 남성은 여전히 들뜬 상태로 자신이 했던 온갖 약속과 야심 찬 계획을 다시 들려 주었고, 그 다음

주로 미팅 약속을 잡았습니다. 전화를 끊기 전에 그 남성은 그녀가 무슨 생각을 하고 있는지 눈치 채고는 다시 안심시켜 주었습니다. 그러고는 그가 말하기를, "그런데요. 드릴 말씀이 있어요. 우리가 며칠 동안은 만나지 못할 테니까." 그는 약간 주저하다가(그녀는 이 부분을 놓친 것입니다.) 다시 자신감 있게 이어 나갔습니다. "그러니까 제 말은요, 음……, 제 말은 걱정하지 마시라는 거예요. 제가 마음을 바꿀 일은 없을 테니까요. 우리가 계획한 대로 밀고 나갑시다."

그 다음 주에 전화가 오지 않아서 그녀는 다시 그에게 전화를 걸었습니다. "어디 다녀오셨나요?" 그녀가 물었습니다. "아뇨." 그가 천천히 대답했지요. "지난번 건을 다시 생각해 보고 싶어서 전화를 드리지 않았습니다." 한동안 침묵이 흘렀습니다. "일단은 좀 더 적은 예산으로 시작해 봐야 할 것 같아서요. 우리가 얘기했던 프로젝트는 내년 봄쯤에 하기로 하지요. 약속드릴게요. 저는 다만 잠시 이 일을 보류하고 그때까지 기다리는 것이 최신이라는 결론을 내렸습니다."

예상치 못한 배신을 당한 뒤에, 분노와 실망감에 휩

싸인 그녀는 다시는 그 남자와 연락하지 않겠다고 결심했습니다. 그 남자는 분명 신뢰할 수 없을 뿐더러 냉혹하기까지 한 사람이라고 확신했지요. 그리고 한 달 뒤에 거리에서 그와 우연히 마주쳤는데, 그가 가던 길을 멈추고 먼저 인사를 건넸습니다. 무방비 상태였던 그녀는 얼떨결에 한두 마디 인사말을 하고는, 바로 그의 뺨을 한 대 갈겨 주지 않은 것을 후회했습니다. 그런데 그때 그가 미소를 지었습니다. 더 이상 설명이 필요 없죠. 그녀는 다시 그의 지지자가 되었답니다. 그녀가 보기에 그에게는 아무런 잘못이 없습니다. 지금까지도 그녀는 그 천칭자리 남성을 강력하게 지지합니다. 그녀는 그의 꿈이 무산되었다는 소식이라도 들으면, 그가 조각난 꿈을 주워 모을 수 있도록 돕고 싶어 합니다. 터무니없지만, 그래야 그가 다시 미소를 지을 테니까요.

천칭자리 남성과 사업적으로 인연을 맺어도 이런 일이 발생하는데, 당신이 이러한 치명적인 매력덩어리와 사랑에 빠진다면 어떻게 될까요? 당신이 스스로를 보호할 수 있을지, 또 당신 마음에 무슨 일이 일어날지 상상이 가시나요? 천만 번이라도 조심해야 합니다. 천칭자리 남성이 미소를 지을 때에는 마음을 굳게 먹고 고개를 돌려야 합니다. 천칭자리 남성이 당신의 등줄기를 간지럽히는 비단결 같은 목소리로 설득력 있는 논쟁을 시작하려고 한다면 바로 당신의 귀를 틀어막으세요.

사랑Love과 천칭자리Libra는 실질적으로 동의어입니다. 천칭자리가 로맨스를 발명했고, 이것을 예술로 승화시켰습니다. 사자자리나 전갈자리나 황소자리보다도 더 섬세한 영향을 미쳤답니다. 천칭자리는 큐피드의 섬세한 전략을 타고났습니다. 갖가지 비결을 능수능란하게 활용해서 언제고 원하는 여성의 마음을 얻을 수 있습니다. 하지만 막상 마음을 얻은 뒤에는 확실하지 않은 태도를 보이기도 합니다. 기꺼이 따르도록 완벽하게 유혹을 해 놓고 정작 자신은 망설이는 것입니다. 무방비 상태의 그녀를 이용할 것인가, 아니면 청혼할 것인가? 아니면 둘 다? 아니면 둘 다 아닌가? 마음속에 갈등이 시작되고 에덴동산의 아담은 마냥 행복하지만은 않습니다.

천칭자리 남성은 최소한 아흔 살이 되기 전까지는 이성에 대한 관심을 잃지 않을 것입니다. 행복한 결혼 생활을 영위하고 있더라도 순전히 학구적인 이유에서 관심을 계속 유지합니다. 머릿속으로 댄스홀에 있는 예쁜 여인들 사이를 휘젓고 다니는 상상을 할 뿐이라고 해도, 천칭자리 남성에게 이성이라는 주제는 절대로 지겨워지는 법이 없습니다.

천칭자리의 사랑 만들기 예술은 놀라울 정도로 쉽고 빠르게 이루어지는데다 사랑의 정글로 가볍게 여행을 떠나도 항상 수확이 있기 때문에, 천칭자리 남성은 관계를 잘 매듭짓지 못하는 때가 많습니다. 천칭자리는 상대방의 마음에 상처 입히는 것을 싫어합니다. 비록 논쟁에 집중하고 있을 때에는 상대방에게 상처를 주고도 전혀 인식하지 못하기는 하지만, 어쨌든 그는 싫다고 말하는 것도 싫어합니다. 그래서 별다른 진전 없이 관계를 질질 끄는 것이, 행복해질 가능성이 없는 관계를 단호하게 정리하는 것보다 더 매정하다는 점을 잘 깨닫지 못합니다. 하지만 이와 반대의 상황, 즉 서로의 감정이 지구 상에서 인간이 도달할 수 있는 가장 숭고한 상태에 이르렀다고 할지라도, 마찬가지로 오랫동안 고통스럽게 고민합니다. 방향을 바꿔서 극적으로 선회하는 데는 물병자리 다음으로 소극적입니다. 천칭자리 남성은 자신이 누군가에게 공정하지 않게 굴고 있다는 생각이 들면 고통스럽게 망설입니다. 그 대상이 당신일 수도 있고 그의 옛 애인일 수도 있습니다. 그에게 있어 공정하지 않은 행동은 살인에 버금가는 범죄 행위입니다. 잔인한 사람이 되고 싶지 않다는 마음에 떠밀려서 청혼을 하는 실수를 저지르고는 결국 이혼 법정에 서기도 합니다. 또는 끝없이 미루는 버릇 때문에 인생에서 가장 소중한 인연을 놓칠 수도 있습니다. 천칭자리의 이런 태도는 양날의 칼이어서 진정한 사랑을 베어 버릴 수도 있고, 감당할 수 없는 결혼을 토막 낼 수도 있다는 점을 아시겠죠? 두 가지 경우를 피하려면 거짓된 감상을 버리는 수밖에 없습니다.

천칭자리 남성에게 변덕스러운 기질이 있다는 점은 부인할 수 없습니다. 이들은 특히 젊은 시절에 시간을 헛되이 낭비하는 경향이 있습니다. 천칭자리의 타고난 충동적 기질로 인해, 만나는 모든 여성들마다 자신의 진실한 영혼의 벗이 될 수 있는지 가늠해 봅니다. 종종 우정과 사랑을 완전히 혼동하기도 합니다. 하지만 놀랍게도 마음의 상처 때문에 힘겨워하는 경우가 그다지 많지 않습니다. 모욕이 될 정도로 당신을 빨리 잊을 수도 있고,(아마도 쌍둥이자리나 사수자리 남성을 제외하고는) 어느 누구보다도 짝사랑이나 이루어질 수 없는 사랑에 미련을 두지 않습니다. 상처를 입더라도 아주 특별한 경우를 제외하고는 오래가지 않습니다. 상상을 초월할 정도로 고통스러워할 때도 있지만 아주 드뭅니다. 오히려 마음이 모질지 못한 순진한 천칭자리 남성이 광적일 정도로 집착하는 여인에게 발목 잡혀서, 마치 그녀를 떠나는 것은 십계명을 어기는 것과 같은 중범죄라고 느끼는 그런 위기에 처하는 경우가 더 많습니다. 그런 그물에 걸리면 천칭자리 남성은 몹시 비참한 사랑의 죄수가 될 수 있습니다. 하지만 이런 두 가지 극단적인 경우는 지극히 예외적입니다. 대부분의 천칭자리 남성은 감상적인 속박이 그들을 옭아매도록 내버려 두지 않습니다. 사랑을 최대한 즐길 수 있을 만큼 충분한 자유를 누린답니다.

천칭자리 남성은 당신의 비밀을 캐내는 일에 별로 관심이 없습니다. 언뜻 보면 그런 것처럼 보이지만 다시 한 번 잘 살펴보세요. 그는 등잔 밑에서 무슨 일이 일어나고 있는지 보지 못하는 경우가 종종 있습니다. 다른 사람들은 이미 다 눈치를 챘는데도 천칭자리 남성만 모르는 경우가 있답니다. 그는 아주 집요하게 논쟁을 벌이지만, 그 목적은 개인적인 동기를 파헤치는 것이 아니라 균형 잡힌 판단에 도달하는 것입니다. 천칭자리가 가만히 있는 누군가를 괴롭히기 위해서 질문을 던지는 것이 아닙니다. 단지 사실들을 분류해서 제자리에 배치하고 싶을 뿐입니다. 천칭자리 남성이 뛰어난 논리와 합리적인 사고로 대상의 양쪽 측면을 검토한 끝에 내린 결론은 대체로 공평하고 정확할 뿐만 아니라 분별 있고 실용적입니다. 솔로몬을 데려와도 전형적인 천칭자리가 내린 균형 잡힌 최종 결정을 보면 더 이상 할 말이 없을 것입니다. 하지만 천칭자리 남성은 상대방의 이면에 있는 개인적인 뉘앙스나 얽혀 있는 감정 따위는 파악할 의향이 없습니다. 사실만으로 충분합니다. 물고기자리나 전갈자리나 물병자리가 지닌 인간에 대한 깊은 통찰력은, 천칭자리 입장에서 보자면 명확한 그림을 흐릴 뿐입니다. 그는 본능적으로 그런 류의 심리학적 고찰은 자신의 전문분야가 아니라고 느낍니다. 사실 그렇습니다.

당신에게 낭비벽이 있다면 그는 당신이 돈을 물 쓰

듯이 쓰는 사람이라고 추론하고, 신용도가 좋은 사람이 아니라고 단정짓습니다. 당신이 돈을 낭비하는 것이 사실은 감정적인 안정감을 추구하고 있다는 점은 천칭자리 남성이 상관할 바가 아닙니다. 그는 정신과 의사가 아니랍니다. 반면에 당신이 인색한 사람이라면, 그는 오로지 당신의 습관을 정확하게 감정하기 위해서 당신의 절약 방식을 신중하게 조사하려 할 것입니다. 가난해지면 독립적인 삶을 잃게 될까 봐 내심 두려워하는 당신의 고민은 관심 밖이지요. 성적인 문란함에 대해서라면 그 위험성을 거론하며 논쟁을 벌이고, 대인기피증에 대해서라면 인간 관계의 단절에 초점을 두고 더 길게 논쟁을 벌입니다. 성적 문란함을 초래하는 정신적 외상이나 대인기피증을 낳는 뿌리 깊은 부적응감에 대해서는 이해하려고 하지 않습니다. 천칭자리는 판사랍니다. 대다수의 판사들은 각각의 소송 건을 사실에만 근거하여 판단하고 공정한 결정을 내리려 하지요. 당신이 빨간색을 보면 왜 불안한지 물어보거나, 빨간 줄무늬 잠옷을 입은 남편을 감금하고 싶어 하는 당신의 충동을 동정해 주는 판사는 없을 것입니다. 천칭자리는 관념적인 호기심

만으로 논쟁한다는 사실을 늘 기억하시기 바랍니다. 그가 겉으로는 남의 사생활을 캐고 다니는 사람처럼 보이지만 실제로는 그렇지 않습니다. 보이는 것처럼 사생활에 참견을 많이 하거나 소문에 관심을 기울이지도 않는답니다. 전형적인 천칭자리에게서 타인의 비밀을 캐내는 일은 마치 봉인된 고해성사 내용을 발설하게 하는 일만큼이나 어려울 것입니다.

이런 천칭자리의 태도 덕분에 그가 신뢰를 주기는 하지만, 당신의 감정에는 별로 도움이 안 됩니다. 당신은 그를 무한히 신뢰할 수 있습니다만, 그가 당신의 내밀한 욕구를 알아보지 못하면 괴롭겠죠. 그는 물론 당신을 기쁘게 해 주고 싶겠지만, 당신이 정말로 원하는 것이 무엇인지는 충분히 이해하지 못합니다. (동쪽별자리나 달별자리가 물의 별자리가 아니라면요.) 천칭자리 연인이 연애 기술이 뛰어나다고 해서 당신과 깊이 교감할 수 있는 소울메이트가 될 수 있는 것은 아닙니다. 천칭자리 남성에게는 감당해야 할 문젯거리들이 이미 많이 있습니다. 당신이 그에게 달려가서 누가 당신 마음을 얼마나 아프게 했는지 얘기할 때처럼 짜증스러운 순간은 없답니다.

동정을 바라는 당신에게 그는 이렇게 대꾸할 것입니다. "그 사람한테 어떻게 했는데?" 그러고는 당신이 잘못한 점을 조목조목 지적하겠죠. 당신은 화가 풀리지 않아 결국 소리를 지르고 말 것입니다. 소리 지르세요. 하지만 그는 당신에게 잘못이 있다고 생각하는 한 당신 편을 들어 주지 않습니다. 감정적으로 이해해 주리라는 기대는 하지 않는 편이 좋습니다.

천칭자리는 깊이 이해받고 싶어 하는 연인의 욕구를 알아차리지 못하므로 늘 문제가 생길 수밖에 없습니다. 추상적인 것에 대해서는 그렇게도 직관적이고, 추론을 할 때에는 그토록 탁월한 논리로 명확하고 빈틈없이 사유하면서도, 무엇이 당신을 아프게 하는지 무엇이 당신을 신나게 하는지에 대해서는 믿을 수 없을 만큼 둔감합니다. 하지만 이것은 천칭자리와 함께 살려면 어쩔 수 없이 안고 가야 하는 모순입니다. 물론 그의 부드러움과 살인미소 덕분에 참는 것이 아주 조금은 수월해지겠죠.

천칭자리 남성은 출생차트 상에 금전적인 충돌 요소가 있지 않는 한, 생활비를 빠듯하게 잡지는 않을 것입니다. 전형적인 천칭자리라면 오히려 돈에 있어서 손이 큰 편입니다. 아름다움을 누리고 행복해질 수 있는 활동에 돈을 쓰는 일이 가치 있다고 믿습니다. 당신은 훌륭한 안주인이 될 준비를 해야 합니다. 왜냐하면 천칭자리는 밤낮을 가리지 않고 집에 사람들을 불러서 대접하기 때문입니다. (물론 휴식을 취하느라 전화벨이나 방문객에게 방해받고 싶지 않아 할 때라면 예외이겠지요.) 사람들로 북적거리는 시끄러운 장소에는 절대로 끌고 가지 마세요. 소란스러운 곳은 천칭자리의 조화로운 감각을 방해합니다. 낯선 사람들이 많은 곳에서도 내면의 평정이 깨질 수 있습니다. 천칭자리는 많은 사람들과 신체적으로 접촉해야 하는 상황을 본능적으로 싫어합니다. 천칭자리는 지적이고 활기찬 사람들과의 교류를 좋아하기는 하지만, 사람들이 열 명을 넘으면 바깥공기를 쐬고 싶어서 안달이 날 것입니다. 천칭자리 남성은 복잡한 극장에서 아무 말도 없이 당신을 혼자 남겨 두고 가 버릴 수도 있습니다. 당신을 싫어해서가 아닙니다. 단지 전형적인 천칭자리의 문제점인 밀실공포증 때문입니다.

천칭자리 남성이 이혼하고 싶을 정도로 애정이 식게 만들고 싶다면 지름길이 있습니다. 집 안 정리정돈

을 안 하면 됩니다. 하지만 이혼하고 싶지 않다면 라디
오와 텔레비전 소리를 낮추고, 음식 만드는 냄새가 그의
예민한 후각을 자극하지 않도록 하세요. 양파 수프와 마
늘 빵을 만들어야 한다면 울창한 숲 냄새가 진동할 때까
지 소나무향 방향제를 뿌리세요. 천칭자리 남편에게 빵
을 봉지째로 준다거나, 식탁에서 냅킨 대신에 두루마리
화장지를 쓰게 한다거나, 그의 시선이 닿는 곳에 우유병
이나 시리얼 그릇을 그대로 방치하면 생각보다 빨리 별
로 유쾌하지 못한 이혼 절차를 밟아야 할지도 모릅니다.
욕실 수건걸이에 스타킹을 걸어 두면 완전히 아웃입니
다. 집 안 구석구석 먼지를 닦아 내고 침대 이불을 정리
하지 않으면 천칭자리 남성은 점점 감정적인 균형이 깨
진 상태로 빠져들게 됩니다. 그는 불균형 상태를 피해
서 점점 더 오래 낮잠을 잔다거나 밤에 혼자 외출할 것
이고, 결국에는 부부간의 의사소통도 사라지게 됩니다.
자신은 집 안을 난장판으로 만들고 양말도 아무 데다 벗
어 놓고 신문지를 바닥에 늘어놓으면서 당신이 모두 정
리해 주기를 바랍니다. 연노랑 커튼이 갈색 러그와 어울
리지 않으면 그는 몇 년이고 시무룩할 텐데 당신은 도대

체 그 이유를 알 수가 없지요. 실내 장식은 파스텔 톤으로 유지하는 것이 좋습니다. 불만이 생기더라도 전형적인 천칭자리의 예의바름 때문에 드러내 놓고 불평하지는 않겠지만, 당신보다 섬세한 취향을 가지고 있는 회사 비서에게 점점 더 끌리게 될지도 모릅니다.

천칭자리 남성은 혼란을 싫어합니다. 안정을 유지하기 위해 조화로움을 절실히 필요로 하는 사람입니다. 그에게 집은 불협화음으로 가득 찬 세상에서 찾은 오아시스처럼 아름답고 조용한 공간이어야 합니다. 그렇지 않으면 천칭의 저울은 영원히 균형이 깨진 채로 살아가게 됩니다. 하지만 그는 부조화의 원인을 스스로 탐색하는 일이 좀처럼 드물기 때문에 당신이 영리해져야 합니다. 그가 왜 집에 들어오지 않는지, 왜 집에 있을 때에는 늘 잠만 자는지 추측해 보아야 합니다. 천칭자리는 자기 성찰에 약한 편이므로 당신이 분석가가 되어야 한다는 점을 명심하세요. 그는 자신이 불행하다고 느끼는 이유가 당신이 얼굴에 시커먼 팩을 바르거나 아이들이 얼굴에 딸기 잼을 묻히고 다니는 모습을 보았기 때문이라는 것을 스스로 인식하지 못합니다. 자신이 오렌지색 샤워 커튼을 싫어한다거나, 조지 워싱턴 장군의 모습을 새긴 석판화가 자기의 예술적 취향과 맞지 않는다는 점을 깨닫지 못합니다. 당신에게 굿모닝 키스와 굿나잇 키스를 하는 것을 왜 자꾸 잊게 되는지는 깨닫지 못하겠지만, 그의 논리적인 마음은 뭔가 균형이 어긋나 있다는 것을 스스로에게 알려 줄 것입니다. 그리고 그것을 솔직하게 털어놓지 못하기 때문에 더욱 힘들어합니다. 신문지와 장난감들을 정리하고 집 안을 여기저기 단장하세요. 제일 좋은 향수를 뿌리고 머리에 말고 있는 롤러도 빼야겠지요. 텔레비전 소리도 줄이고 샤워 커튼은 시원한 하늘색으로 바꾸세요. 선반 위에 있는 조지 워싱턴 석판화는 어서 치우고, 드가의 그림 복사본을 몇 장 사세요. 다음 날 아침이면 남편은 태도가 완전히 돌변해 새로운 사람이 되어 있을 것입니다.

아이들은 아버지의 공정한 태도 덕분에 득을 많이 볼 것입니다. 천칭자리 아버지는 첫째 아이가 막내를 부려먹지 못하게 하고, 막내가 첫째의 자전거 바퀴를 고장 내지 않도록 할 것입니다. 천칭자리 아버지는 조용한 권위로 아이들을 가르치고, 벌을 줄 때에도 화를 잘 내지 않고 논리적으로 이유를 설명합니다. 당신과 마찬가지로 아이들도 아버지의 매력에 녹아들 것이고, 당신과 마찬가지로 아버지의 끊임없는 논쟁과 반대에 짜증을 낼 것입니다. 이상하게도 천칭자리 남성은 자녀가 태어나기를 학수고대하지는 않습니다. 하지만 자녀가 막상 태어나면 그는 고독함보다는 사랑 쪽에 무게를 더 두고 아버지 역할을 진심으로 즐기면서 아이들을 애지중지합니다. 하지만 절대로 부모로서의 애정을 당신에 대한 애정보다 더 중요하게 생각하지는 않습니다. 전형적인 천칭자리 남녀는 자녀보다 배우자를 우선시합니다. 식구가 늘어나더라도 당신에 대한 애정이 줄어들지 않을까 걱정하지 않아도 됩니다. 물론 연노랑 커튼과 갈색 러그 중 적어도 하나는 치웠고, 싱크대에 설거지 거리가 산더미 같이 쌓여 있지 않다는 전제하에 말이지요.

마지막으로 천문해석가의 입장에서 조언을 하나 드리겠습니다. 천칭자리 남성과 사랑에 빠졌고 그것이 운명이라는 확신이 들면, 어떤 방법이든 당신이 원하는 스타일로 프러포즈를 하세요. 결혼을 전제로 하고요. 그는 당신이 먼저 결단력을 보여 준 것에 안도할 것입니다.

하지만 그는 당신이 결정하도록 만들어 놓고 나중에 결과가 좋지 않으면 신이 나서는 "당신이 내린 결정이었어요. 내가 한 결정이 아니라."라고 말하는 삐딱한 면이 있으니 조심해야 합니다. 당신이 확실한 태도를 취하지 않으면 절대로 결론이 나지 않을 것입니다. 이럴 때 그에게 한 방 먹여 줄 수 있는 방법이 있습니다. "네. 맞아요. 결정은 내가 했지요. 당신에게 맡겼다면 아직도 비 내리는 한밤중 가로등 아래에서 '사랑해'만 계속하고 있을 것이고 우린 둘 다 폐렴에 걸렸겠지요." 당연히 그는 논쟁을 시작하겠죠. 하지만 당신이 프라이팬으로 머리를 한 방 내려치기 바로 직전에 그는 무심코 미소를 지을 것입니다. 그러면 당신은 비 오는 날 가로등 아래에 서서 다시 한 번 "사랑해."라고 말하게 될 것입니다. 제가 드릴 수 있는 조언은 여기까지입니다.

천칭자리 여성

♎

앨리스는 계속해서 이 사람이 되었다 저 사람이 되었다 하며
대화를 이어 나갔다….
대체로 앨리스는 자신에게 아주 좋은 충고를 한다.
(충고를 따르는 일은 거의 없었지만.)

한 번은 어떤 꼬마가 제게 대답하기 힘든 질문을 한 적
이 있습니다. 그 질문은 이러했습니다. "왜 여자가 남자
처럼 바지를 입고, 남자가 여자처럼 향수를 뿌려요?" 저
는 전형적인 양자리 스타일로 즉각적이고 충동적인 대
답을 해 주었습니다. "글쎄. 그건 남성에게도 어느 정도
의 여성성이 있고, 여성에게도 어느 정도의 남성성이 있
기 때문이란다. 자, 이제 장기놀이 계속 하자." 저는 그

꼬마가 또다른 당황스러운 수수께끼를 생각해 내기 전에 재빨리 놀이를 재촉해서 위기를 넘겼습니다.

돌이켜보니 제가 양자리 스타일로 순발력 있게 답변을 잘했던 것 같습니다. 제가 했던 말은 모든 별자리에 어느 정도는 해당하지만, 특히 천칭자리에게는 완벽하게 어울립니다. 매우 남자답고 강인한 천칭자리 남성에게서도 여성성의 흔적이 발견되는 것처럼, 지배행성인 금성은 천칭자리 여성에게도 같은 장난을 쳤답니다.

천칭자리 여성은 새하얀 토끼처럼 앙증맞습니다. 그녀는 부드럽게 속삭이는 목소리로 설득력 있게 말하는 재주가 있습니다. 레이스로 장식된 실크 블라우스를 입기도 하고 머리카락에서는 좋은 향기가 풍깁니다. 마치 작은 인형처럼 생겨서 한 손으로도 번쩍 들어올릴 수 있을 것 같습니다.(동쪽별자리가 황소자리나 사수자리인 경우에는 물론 좀 더 덩치가 크겠지요.) 하지만 그런 귀엽고 사랑스럽고 우아한 여성성에도 불구하고 천칭자리 여성은 바지도 즐겨 입고 또 잘 어울립니다. 그녀는 남성적 사고 논리를 따라 움직이고 어떤 주제에 관해서건 당신과 대등하게 논쟁을 벌일 수 있습니다. 그녀는 가끔 당신을 능가하기도 하지만, 또한 아주 영리해서 신혼 생활을 안전하게 마치기 전까지는 당신이 자기의 능력을 알아채지 못하도록 합니다. 연애할 때는 체스를 두면서 자신이 이기지 않도록 조심하지만, 그 사랑스러운 보조개 뒤의 예리한 지성을 영원히 감추지는 않을 것입니다. 결국 당신은 그녀의 두뇌 능력을 확인할 날이 올 것입니다.

대부분의 천칭자리 여성은 논쟁거리가 있으면 언제든지 영리한 재치를 발휘합니다. 옷깃에 단추가 달린 와이셔츠를 입으면 안 되는 이유에서부터, 직장에서 연봉이 오르지 않는 이유에 이르기까지 어떤 주제라도 가능합니다.(후자의 경우, 그녀는 일부는 당신 잘못이고 일부는 사장 잘못이라고 생각합니다. 천칭자리는 모든 것을 50 대 50으로 결론짓습니다. 그러니 모든 것이 결국은 공평하죠.) 당신이 그런 논쟁의 미끼를 물지 않으면 그녀는 혼자서라도 논쟁을 벌입니다. 천칭자리 여성은 혼자 떠들썩한 토론을 시작하고는 혼자 논쟁하고 혼자 멋지게 마무리합니다. 당신은 기껏해야 "그런데 왜?"라든가 "아닌 것 같은데" 정도의 말로 논쟁에 흥을 돋워 주겠지만, 그녀의 멋진 독백이 이어질 때에는 그 정도면 충분합니다. 혼자 벌이는 논쟁은 한 시간 이상 계속되기도 합니다. 하지만 이 과정에서 당신은 그녀의 매력에 빠져들 것입니다. 그녀는 몇 마디 할 때마다 거부할 수 없는 사랑스러운 미소를 지을 것이고, 가끔은 남성적인 대범한 모습을 보이다가도, 다시금 사랑스러운 토끼 같은 모습으로 변신할 것입니다. 당신의 마음도 그녀의 변신만큼 속절없이 바뀌겠죠. 그녀는 단순하고 명확한 논리로 당신을 설득합니다. 당신은 자존심 말고는 별로 잃을 것이 없습니다. 게다가 천칭자리의 부드러운 미소 앞에서는 자존심을 생각할 겨를도 없지요. 그녀의 최종 결정은 마치 대법원에서 내리는 판결처럼 신중하기 때문에 대체로 옳습니다. 천칭자리 여성은 누가 특별히 부추기지 않아도 어떤 두 가지 견해를 말로 비교하는 작업을 잘해 냅니다. 특히 정치적인 화젯거리가 많이 나오는 시기에는, 천칭자리 여성이 화려한 미사여구와 논쟁 능력을 연마할 기회가 많을 것입니다. 어느 정당을 지지할지 어떤 후보가 옳은지 마음을 정하기만 하면, 정치계에서 탁월한 능력을 발휘할 수 있습니다. 전형적인 천칭자리 여성은 모든 사항을 두 번씩 점검하면서 누락된 부분이 없는지 확인하는 성향만 제외한다면, 연인으로든 친구로든 여성적인 매력이 상당히 많은 사람들입니다. 논쟁하려는 경향은 실제로 공정한 결정을 내리고 싶다는 진지한 욕구에 근거하고 있습니다. 최소한 그녀는 일부 다른 별자리 여성들처럼 주관적인 입장을 반영한 원칙을 정하지 않으며, 그럴듯한 근거를 무조건 부정하지도 않습니다. 게다가 그녀의 의견에는 섬세한 외교술이 가미되기 때문에 어떤 주장이든 어느 정도는 부드럽게 들립니다.

천칭자리 여인의 진가를 알 수 있는 좋은 방법이 있습니다. 동일한 상황에서 각각의 별자리 여성들이 어떤 식으로 대처하는지 살펴볼까요? 예를 들어, 전화카드에 대해 토론을 하고 있다고 칩시다. 오늘날 전화카드를 써야 하는지, 아니면 이제 전화카드는 너무 낡은 상품인지, 전화카드의 디자인은 어떠해야 하는지에 관한 토론입니다. 열두 개 별자리의 의견을 다 들어 봅시다. 당신은 열두 명의 여성과 함께 있는 유일한 남성이라고 해두죠.(생각만 해도 기분 좋은 상황이죠?) 토론은 다음과 같이 진행될 것입니다.

양자리: 필요 없어요. 저는 일반 전화를 써요.

황소자리: 저는 별로 전화를 걸 필요가 없어요. 사람들이 저를 찾아오지요.

쌍둥이자리: 전화카드요? 누가 그런 걸 쓸 시간이 있겠어요?

사자자리: 글쎄요. 정말 멋진 디자인의 전화카드라면…….

처녀자리: 에밀리 포스트*에게 물어봐서 뭐라고 이야기하는지 들어 봐야겠어요.

사수자리: 맙소사! 사람들이 아직도 그 쓰레기 같은 물건에 시간을 쓴단 말이에요?

전갈자리: 내가 찾아갔는데 그 사람이 집에 없다면 기회를 놓친 건 상대방이죠. 난 손해 볼 게 없어요.

물병자리: 밖에 비가 오나요? 방금 천둥 소리가 들린 것 같은데.

게자리: 전화카드는 너무 인간미가 없어요. 저는 차라

---

* 에밀리 포스트(Emily Post, 1872~1960): 에티켓에 관한 고전, 『The Book of Etiquette』의 저자.

리 쪽지를 쓰겠어요.

물고기자리: 저는 사람들이 집에 없다면 항상 그것을 감지할 수 있어요. 사람들이 나를 보고 싶어 한다는 무의식적인 메시지를 받을 때만 사람들을 방문하죠.

염소자리: 전화카드 문화 자체는 나무랄 데가 없어요. 하지만 디자인에 대해 얘기하는 것은 의미가 없어요. 전화카드에다 신용카드라고 새겨 놓을 수는 없잖아요?

천칭자리: 글쎄요, 경우에 따라 다르죠. 전화카드를 쓰는 게 옳은 일이기는 해요. 반대로, 오늘날 전화카드를 쓰는 일은 형식적으로 보일 수 있고, 현대 여성들은 전화카드를 쓰기에는 너무 바빠요. 하지만 또 전화카드를 살 돈이 없는 사람들이 있지요. 여윳돈이 없다면 그렇게 필요한 것은 아니에요. 하지만 또다른 측면을 살펴보면 숨 가쁘게 돌아가는 현대 생활에는 옛날의 아름다움과 우아함이 없는 것 같아요. 예전에는 돈도 효율적으로 썼죠. 전화카드라는 말이 새겨져 있어야 할 것 같아요. 하지만 뭔가 좀 다른 모양이라면 사람늘의 개성을 반영할 수도 있겠죠. 창의적인 사람이라면 직접 자신의 전화카드를 디자인할 수도 있어요. 하지만 그런 식의 개인적인

카드는 아주 사교적인 사람들에게는 오해를 받을 수도 있어요. 그렇지 않나요? 제 말은 록펠러라면 그게 어설프다고 생각할 수도 있다는 거죠. 하긴 생각해 보면 누가 록펠러를 찾아가겠어요? 당신 친구들이라면 당신이 독창적이라고 좋아하겠지만 좀 더 평범하게 새겨 넣어야 사람들이 더 잘 받아들일 거예요. 적어도 저는 그래야 한다고 생각해요. 하지만 여전히…… 글쎄요…….

이제 장단점을 비교할 거리가 떨어진 천칭자리 여성은 논점을 정리해야 한다는 압박감에 미간을 약간 찌푸리면서, 모든 요소들을 고려해서 실질적이고도 확고한 결정을 하기 위해 애를 쓸 것입니다.

천칭자리 여성에게 중요한 것은 공정함뿐이어서 모든 면에서 균형 잡힌 판단을 내리려고 열성적으로 노력한다는 것을 이제 아셨죠? 그녀가 전화카드처럼 재미없는 주제로 한담을 늘어놓는 바람에 당신은 사실 약간 지루해할 수도 있습니다. 하지만 정말로 중요한 사안이 생기면, 공정함을 추구하는 노력과 올바른 판단 능력에 진심으로 갈채를 보내게 될 것입니다. 다른 별자리 여성들은 자신의 개인적인 취향을 반영한 의견을 제기하면서 당신의 의견이나 진정한 해답에는 그다지 신경 쓰지 않을 수도 있습니다. 하지만 천칭자리 여성은 그럴 수가 없습니다. 자기주장은 물론이고 당신과 다른 모든 철학자들의 견해에서 발견한 결함을 모두 고려하여 결론에 이를 때까지, 모두의 의견을 존중할 것입니다.

대부분의 천칭자리 여인은 결혼 전에도 후에도 일을 계속 합니다. 그녀는 원하는 물건을 살 수 있을 만큼 충분한 돈을 벌려고 합니다. 천칭자리 여성은 아름다운 옷과 값비싼 향수와 클래식 음악을 사랑합니다. 그런데 누가 그녀에게 남성적인 면이 있다고 했나요? 네. 제가 그랬습니다. 어떤 면에서는 그렇습니다. 하지만 예쁜 머리 스타일을 하고 있는 그녀에게 빈틈없는 지성이 있을 거라고는 짐작하기 힘듭니다. 대부분의 경우 천칭자리 여성은 조화롭지 않은 주변 환경에서 불결하고 추한 요소들을 제거하기 위해 상당히 많은 돈을 필요로 합니다. 이런 환경에 놓여 있는 천칭자리 여성은 실제로 몸과 마음에 병이 생깁니다. 천칭자리 여성이 일을 계속 하고 돈을 벌려고 하는 데에는 또다른 이유가 있습니다. 그녀의 남자 때문이지요. 천칭자리 여성이 속세의 삶에서 무엇보다도 소중하게 여기는 대상은 바로 그녀가 사랑하고 존경하며 함께 살아가기로 마음먹은 남자랍니다.

천칭자리 여성은 혼자 놀기 싫어합니다. 일과 사랑, 두 영역에서 그녀는 파트너십을 진정으로 갈망합니다. 그녀는 혼자 일하기 싫어하고 혼자 살 수 있는 사람도 아닙니다. 천문해석가를 찾는 천칭자리 여성들이 진짜로 신경 쓰는 부분은 딱 두 가지입니다. 늘 이 두 가지 중에서 하나를 궁금해하지요. '언제 정말로 사랑하는 사람을 만날 것인가?'와 '언제 사업 파트너를 만나게 되는가?'입니다. 그녀에게 결혼은 합작회사 같은 것이어서 회사 설립에 필요한 원칙들을 엄격하게 적용합니다. 그녀는 당신의 실수를 여성성과 모성으로 막아 줄 회장입니다. 그녀의 본성은 팀워크를 위해 타고났다고 해도 과언이 아닙니다. 당신의 모든 관심사와 활동에 되도록 함께하고 싶어 할 것입니다. 자기의 남편을 대신해서 사람들을 기꺼이 즐겁게 해 주겠지만, 남편이 직업을 바꾸려 하거나 다른 도시로 이사 가려고 하거나 또는 새로운 친구들을 만들려고 할 때 그가 이끄는 대로 따르는 여성스러운 면도 가지고 있습니다. 회사의 모든 부서는 남편이 담당합니다. 단지 천칭자리 여성은 일이 원활하게 진행되도록 지원하고, 남편이 충동적으로 잘못 판단하여 어리석은 실수를 범하지 않도록 확인하는 정도의 역할만 할 것입니다.

당신은 천칭자리 여성을 정말 높이 평가해야 합니다. 전형적인 천칭자리 여성은 남편에게 짐이 되려는 마음이 전혀 없기 때문입니다. 그녀는 오히려 남편의 앞길에 놓인 모든 돌덩이들을 제거해 주려고 합니다. 내면에는 지배하고 싶은 마음이 있지만, 그것을 겉으로는 거의 드러내지 않습니다. 긍정적인 생각으로 당신을 북돋워 주었다가 나중에 자신에게 책임이 돌아오는 상황을 극도로 혐오하기 때문입니다. 그녀는 대부분의 경우 아주 조심스럽게 처신할 것입니다.(동쪽별자리가 양자리가 아니라면 그렇습니다. 하지만 출생차트 상에 진취적인 별자리가 두개 이상 있는 여성이라면 문제가 좀 커질 수도 있습니다.)

보통 천칭자리 여성은 지능이 높고 분석력이 뛰어나서 당신이 사업상의 문제들을 해결하는 데 많은 도움을 줍니다. 감정에 휘둘리지 않고 지극히 이성적인 결정을 내리며 균형 잡힌 의견을 제시하는 그녀는 때때로 어떤 경제전문가보다도 더 나은 조언을 해 줄 것입니다. 이러한 탁월한 능력은 당연히 천칭자리의 많은 결함을 보완해 줍니다. 뿐만 아니라 전형적인 천칭자리 여성이라면, 그런 보석 같은 지혜를 아무 데나 담지 않습니다. 아주 근사한 은 접시에 담아서 유쾌하게 내놓을 것입니다. 당신이 잘못된 길로 들어서면 부드러운 벨벳 장갑을 낀 강철 손으로 슬쩍 옆구리를 찔러 주의를 환기시키고, 다시 올바른 방향으로 부드럽게 인도해 줍니다. 그 방식이 너무나 부드러워서 당신은 방향을 바꾼 것이 당신 스스로의 생각이라고 믿게 될 것입니다. 양자리, 전갈자리, 사자자리 또는 황소자리 남성이라면 일반적으로 천칭자리 아내를 반석 위에 올려놓고 숭배할 것입니다. 당연합니다. 천칭자리 아내도 남편을 숭배하기 때문입니다. 잘 만난 천칭자리 여성과 그녀의 남편이 사는 사랑스러운 집을 방문해 보세요. 뱀이 나타나서 모든 것을 망치기 이전의 에덴동산에 있던 아담과 이브를 보는 듯한 느낌을 받을 것입니다.(천칭자리 남녀가 결혼한다면 분명히 다정한 원앙 커플이거나 으르렁대는 원수 커플이거나 둘 중의 하나입니다. 이들은 평생 동안 이틀에 한 번씩 극과 극을 달립니다.)

천칭자리 여성과 결혼하면 좋은 점이 많이 있습니다. 우선 절대로 당신의 우편물을 열어 보지 않습니다. 그런 비열한 생각은 아예 떠올리지 않습니다. 당신의 사업상 기밀을 친구에게 누설하거나 당신의 사장 앞에서 당신을 난처하게 하는 일도 절대로 없습니다. 그녀는 처음 만났던 날 당신을 사로잡았던 매력으로 당신 사장의 마음도 완전히 녹여 버릴 것입니다. 화성과 충돌 요소가 있는 일부 천칭자리 여성들은 가끔 지나치게 감정적으로 행동하거나 지나칠 정도로 많이 먹고 마시는 경향이 있지만, 그런 경우는 매우 드뭅니다. 금성의 여인이라도 자기 저울에서 미끄러질 때가 있지만, 곧 상쾌하고 우아하게 조화를 이룬 상태로 돌아올 것입니다. 당신은 가끔 그녀가 천사인지 악마인지 궁금해지기도 하겠지만, 악마보다는 천사가 더 자주 나타난답니다.

당신은 천칭자리 아내이 육체적 사랑이 부족하다고 불평할 일은 없을 것입니다. 천칭자리 여성은 고풍스러운 레이스처럼 서정적이고, 여성의 특권인 다정다감함이 있기 때문입니다. 천칭자리 여성의 애무와 달콤한 속

삭임은 분명 진실합니다. 하지만 사랑스럽게 쳐다보거나 부드럽게 어루만지고 따뜻하게 안아 주면서 키스를 해 주는 모습은 그녀의 숨겨진 남성적 충동을 효과적으로 가려 주는 연막 장치가 되기도 합니다. 진실한 마음이라도 실용적으로 적용하지 말라는 법은 없으니까요.

당신의 집은 넓은 카펫이 바닥에 깔려 있는, 잡지 광고에 나오는 집처럼 우아할 것입니다. 전체적으로 색상도 잘 어울리고 가구를 선택하는 취향도 고급스러울 것입니다. 액자는 똑바로 걸려 있고 식사 시간도 늘 정해진 시간을 벗어나지 않습니다. 안주인이 금성의 여성이라면 대부분 천으로 된 냅킨, 은 식기, 꽃병, 고급스러운 도자기, 양초, 와인, 부드러운 음악 그리고 조화로운 식단까지 기대해도 좋습니다. 천칭자리 여성의 똑똑한 머리와 재치 있는 위트를 감안한다면 사실 더 이상 바랄 것이 없습니다. 그녀에게 여성이라는 것은 일종의 평생 직업이라서, 그녀는 거의 완벽에 가까운 여성이 되려고 노력할 것입니다. 당신이 마치 헨리 8세처럼 고함치는 것을 좋아하고 여성을 고분고분한 하녀처럼 여기는 구제불능 남성이 아니라면, 천칭자리 여성의 남성성이 당신을 별로 힘들게 하지는 않을 것입니다. 그녀는 말하는 것을 좋아합니다. 하지만 동시에 당신의 얘기를 잘 들어 줄 사람이 필요할 때에는 장단을 맞추며 잘 들어 주기도 합니다. 천칭자리 여성은 터프하면서도 동시에 부드럽습니다. 그 두 가지 성격을 섬세하게 잘 조율할 수 있는 여성은 그리 많지 않지요.

다정한 태도와 당신의 분노를 진정시켜 주는 부드러움 때문에, 당신은 천칭자리 여성이 약하고 무력한 사람이라고 생각할 수도 있습니다. 혹은 위기 상황에서 호들갑을 떠는 매우 여성스러운 사람으로 여길 수도 있습니다. 하지만 정말 그렇게 생각한다면 큰 오산입니다. 이 사랑스럽고 여성스러운 존재는 사실 아홉 가지 강철로 만들어진 사람이랍니다. 결혼 초기에 체스에서 매번 당신이 이기도록 한 것이 당신을 낚기 위한 교묘하고 용감한 계획의 일부였다는 것을 설사 당신이 몰랐다고 해도, 남은 평생을 눈먼 장님으로 살아가서는 안 됩니다. 나중에 혹시 집 안에 위급한 일이 발생한다면, 배가 좌초되지 않도록 잘 유지하는 사람이 누구인지 눈을 똑바로 뜨고 살펴보세요. 실질적으로 그런 역할을 하는 사람이 누구인지요. 그 사실을 인정한다고 해서 당신의 체면이 깎이는 것은 아니랍니다. 배가 흔들리기 시작하면 적어도 당신은 알게 될 것입니다. 당신이 키를 놓치지 않기 위해 그녀의 도움을 얼마나 절실히 필요로 하는지 말입니다. 이후에도 그녀는 그 일을 떠벌리거나 당신을 무시하지 않을 것입니다. 단지 책임감만 대신 떠맡아 줄뿐이지요. 그녀가 정말로 의지할 수 있는 사람이라는 사실에 감사해야 합니다. 게다가 정원에 나갈 때나 슈퍼마켓에 장 보러 갈 때 바지를 입어도 정말로 귀여워 보이니까요. 그렇죠? 여성이 바지를 입는다고 해서 문제가될 것은 없습니다. 파티에 갈 때 하늘하늘한 프릴 장식의 원피스를 입거나, 단둘이 있을 때 실크 속옷을 입는센스만 있으면 되죠. 천칭자리 여성이 바로 그런 사람입니다. 그녀의 가장 귀중한 자질은 그 완전한 여성성 속에 날카롭고 예리한 지성을 숨길 줄 아는 능력입니다.

천칭자리 어머니를 둔 자녀들은 사랑을 듬뿍 받고자상하게 보살핌을 받을 것입니다. 하지만 솔직하게 말하자면 그녀에게 첫 번째는 늘 당신이지 아이들이 아닙니다. 아이들은 어린 파트너들이고 당신은 회사의 회장입니다. 천칭자리 어머니는 그 사실을 절대로 잊지 않습니다. 그녀는 아이들을 사랑하지만 아이들이 태어나기 전에 당신에게 주었던 마음까지 아이들에게 주지는 않습니다. 아이들이 놀 때 당신의 휴식을 방해한다면 그녀는 매우 엄격하게 아이들을 꾸짖고, 만약 아이들이 당신의 말을 잘 듣지 않으면 자기 말을 듣지 않을 때보다 더 크게 화를 낼 것입니다. 아이들이 성장해도 우선순위가 바뀌는 것은 아닙니다. 늘 당신이 1순위입니다. 아이들은 커서도 갓난아기처럼 사랑스럽고 청결할 것이며, 어른처럼 단정하고 예의바를 것입니다. 당신이 아이들을 버릇없이 키우고, 당신이 가장이라는 이유로 그녀가 당신의 그런 태도를 방관하지만 않는다면 말이지요. 천칭자리 여성이 당신에게 결정을 맡기는 이유는 단 한 가지인데, 자신이 잘못된 판단을 할 가능성을 피하는 것입니다. 천칭자리 어머니는 대체로 부드럽지만 필요할 때는 단호해지기도 합니다. 절대로 아이들을 소홀하게 다루거나 무시하지는 않지만, 사실 그녀가 엄마가 되고자 한 첫 번째 이유는 아이들을 통해서 당신에게 더 큰 행복을 줄 수 있기 때문입니다. 아이들에게 가장 먼저 가르치는 기도문은 "아버지에게 은총을."이라는 말입니다. 그녀는 아이들이 아버지를 무시하는 태도를 절대로 용납하지 않을 것입니다. 하지만 당신이 아이들에게 약간 고압적인 태도를 취하면 그녀는 아이들을 따뜻하게 위로하는 역할을 하고, 당신이 너무 엄하게 굴면 당신 몰래 사탕을 쥐어 줄 수도 있습니다.

천칭자리 여성이 달콤한 군것질거리를 좋아해서 뚱뚱해질 수 있다는 말은 사실입니다. 댄스홀이나 와인 병에 너무 오래 마음을 두기도 합니다. 가끔 그녀는 대장 노릇을 하거나 쉴 틈 없이 말을 많이 하기도 합니다. 하지만 그런 경우는 그녀의 감정적인 저울이 일시적으로 균형을 잃을 때에만 발생합니다. 그렇게 가끔씩 한쪽이 기우는 시기가 지나고 나면, 그녀는 다시 예전의 평상심으로 돌아옵니다. 누군가가 일부러 저울 한쪽에 발을 올려놓고 있지 않는 한 천칭자리의 저울은 결국 스스로 균형을 잡을 것입니다. 만약 한쪽이 너무 낮으면 그 쪽에 애정을 보태 주세요. 낮은 쪽이 다시 올라가게 마련입니다. 그러다가 다른 한쪽이 슬픔에 넘쳐서 내려가면 이해심으로 가볍게 해 주세요. 그녀의 아름다운 조화로움이 다시 돌아올 것입니다.

파티 석상에서는 공주님처럼 보이고, 돌아서면 장화에 체크무늬 작업복을 입고서 벽난로 땔감 자르는 일을 도와주는 여성이 또 누가 있을까요? 천칭자리 여성은 사랑스러움과 강인함을 모두 충분히 갖추고 있습니다. 당신은 사랑하는 천칭자리 여인의 이름을 넣어 사랑노래를 부르고 싶어질 것입니다. 작사가들이 아직 시도하지 않았다면 당신이 왈츠 풍으로 멋진 비트를 넣어 작사 작곡을 해서 그녀에게 직접 바쳐 보세요. 아주 강렬한 느낌으로요!

천칭자리 어린이

♎

하얀 여왕이 말했다.
"저 앤 뭔가를 부인하고 싶은가 봐.
무엇을 아니라고 해야 하는지도 모르면서!"

"어머나 세상에, 아기가 정말 예뻐요!" 10월에 태어난
아기를 둔 부모는 이런 말을 자주 듣습니다. 그리고 그
런 말에 우쭐거려도 용서해 줄 만합니다. 실제로 천칭자
리 아기는 유아용 그림책에서 튀어나온 듯한 통통한 분
홍빛 천사처럼 보이거든요. 천칭자리 아기는 사랑스러
운 표정과 상냥하고 조화로운 금성의 특성이 있는 매력
덩어리입니다. 얼굴이 빨개져서 담요를 걷어차거나, 화

가 나서 소리를 지르거나, 젖병을 물리려고 할 때 엄마의 코를 한 대 치는 일은 좀처럼 없습니다. 이런 야만적인 행동을 하기에 천칭자리 아기는 너무나 예의바르답니다. 아기가 미소를 지으면 병동 전체가 환하게 밝아집니다. "어쩜 이렇게 착하니! 너무 조용하고 차분하네. 토실토실 보조개도 있네. 자비로운 요정이 마법의 키스를 하고 갔나 봐요."

엄숙한 세례식에서 야비한 늙은 마녀의 역할을 하고 싶지는 않지만, 혹시 아기의 입 주변에 보조개가 있는지 살펴봐 주시겠어요? 대부분의 천칭자리 아기는 보조개가 있답니다. 보조개가 있다고요? 그렇다면 재미 삼아 육아 수첩의 맨 마지막 장에 할머니들이 늘 하시던 얘기 하나를 적어 놓아 보세요. "보조개 안에는 악마가 살고 있다네."(할머니들은 몰래 천문해석학을 공부하셨나 봅니다.) 나중에 그 페이지를 본다면 우리 할머니들이 얼마나 지혜로운 분들이었는지 감탄하게 될 것입니다.

천칭자리 아기가 아침에 식탁에서 그릇에 숟가락을 넣고 천천히 휘젓다가 그 옆에 있는 다른 그릇에 숟가락을 넣고 또 휘저을 때가 있습니다. 오른쪽 그릇에는 계란이 딱 자기가 좋아하는 스타일로 잘 으깨어져 있습니다. 왼쪽 그릇에 담긴 오트밀에도 역시나 자신의 취향대로 달콤한 시럽이 듬뿍 뿌려져 있습니다. 두 가지 음식이 모두 식어 가는데 한 숟가락도 입에 대지 않았습니다. 배가 부른 걸까요? 아니오. 무척 배가 고픈 상태입니다. 열이 있는 걸까요? 아니오. 아픈 곳도 전혀 없습니다. 그렇다면 도대체 왜 아기는 그렇게 고집스럽게 앉아서 숟가락만 휘젓고 있는 걸까요? 왜 한 숟가락도 먹지 않을까요?

아기는 계란과 오트밀 중에 어느 것을 먼저 먹어야 할지 결정하지 못하고 있습니다. 엄마가 오렌지 주스와 토스트 조각까지 더해 주는 바람에 아이는 더 혼란스러워졌습니다. 실수한 거죠. 이제 아기는 절대로 결정을 내릴 수 없을 것입니다. 오늘 아침 식사는 없던 걸로 하는 편이 낫습니다. 내일 아침에는 한 번에 한 가지 음식만 주세요. 먼저 오렌지 주스를 주세요. 아기는 주스를 마실 것입니다. 그 다음에는 시리얼을 주세요. 잘 먹을 것입니다. 다음에는 계란 요리를 주세요. 맛있게 잘 먹을 것입니다. 마지막으로 토스트를 주세요. 아기가 앉아서 행복하게 음식을 오물거리며 먹는 동안 당신은 10분도 채 안 되어 그 많은 음식을 다 먹어 버렸다는 사실에 놀랄 것입니다. 천칭자리 아기를 키우는 데 있어 가장 중요한 교훈을 얻은 것이지요. 선택할 기회를 주지 마세요. 아기는 결정을 내려야 하는 상황을 몹시 싫어한답니다.

천칭자리 아기가 특히 싫어하는 것은 서둘러서 결정을 내려야 하는 상황입니다. 재촉하지 마세요. 아이가 혼자 옷 입는 법을 배우고 그 모험을 신나게 즐기면서 몇 주를 지내면 아이는 자신의 우유부단함을 깨끗이 잊을 것입니다. 자, 이제 당신이 아이가 옷 입는 것을 도와주려고 합니다. 외투와 셔츠, 신발, 양말을 다 늘어놓습니다. 아이는 가만히 앉아 있습니다. "얘야, 옷 입으렴." 그래도 아이는 가만히 앉아 있습니다. "얼른 옷 입어!"

이런 일을 겪고 나면 당신은 사람들에게 당신 아이가 고집이 세다고 말하겠죠. 그건 공평하지 않습니다. 황소자리 아이는 고집이 세지요. 천칭자리 아이는 그렇지 않습니다. 당신이 아이에게 어떤 양말을 어느 쪽 발에 먼저 신어야 할지 서둘러 결정하도록 만든 것이 잘못입니다. 아이는 결정하는 것 자체로도 충분히 힘들어합니다. 마침내 왼쪽 양말을 오른발에 신기로 결정했을 때 당신이 소리를 쳐서는 아이가 평정심을 잃게 만들었고, 아이는 처음으로 다시 돌아가 버렸습니다. 어느 양말을 먼저 신을까? 이것은 아이의 잘못이 아니라 당신의 잘못입니다. 아이에게 고함을 치고 핀잔을 주는데 어떻게 아이가 그토록 중요한 결정을 내릴 수 있겠어요? 고함을 치면 아이는 귀청이 떨어져 나갈 것만 같고, 결정을 막 내리려고 했다는 사실마저도 잊어버리고 맙니다.

당신이 신경이 예민하다면 치를 떨 만한 상황이지요. 하지만 당신만 그렇게 느끼는 것은 아니랍니다. 언젠가 천칭자리 아이가 자라서 멋진 아가씨와 사랑에 빠지겠지요. 진지하게 결혼 이야기를 나눌 것입니다. 결혼을 한다면 언제 할 것인가? 천칭자리 아이는 결정을 내리지 못할 것입니다. 그이가 나와 결혼을 할까? 하지 않을까? 여자친구는 인내심을 가지고 기다려 줍니다. 아이는 유쾌한 어른으로 성장했지만, 이런 경우에는 어릴 때와 똑같은 고통을 느낍니다. 마침내 아가씨가 묻습니다. "우리가 결혼을 하긴 하는 거예요?" 천칭자리는 아무 답이 없습니다. 아가씨는 또 물을 것입니다. "우리 언제 결혼해요?" 불쌍한 아가씨죠. 당신이 오렌지 주스와 토스트로 했던 것과 동일한 실수를 하고 있습니다. 이제 아이는 두 가지를 결정해야 합니다. 결혼을 해야 할지 말아야 할지뿐만이 아니라, 언제 할지도 결정해야 하죠. 아무래도 당신이 그 아가씨와 얘기를 해 보는 것이 좋겠습니다.

하지만 이런 일은 아직 먼 미래의 일입니다. 지금은 신발과 양말을 가지고 결정을 해야 합니다. 아이에게 다가가서 단호하게 말해 주세요. "이 양말을 이쪽 발에 먼저 신으렴." 부드러운 어조로 말해야 합니다. 소리를 지르거나 겁을 줘서는 안 됩니다. 할 수만 있다면 멜로디를 붙여서 아이에게 노래로 불러 주세요. 그러면 아이는 무척 좋아할 것입니다. 자, 이제 두 가지 장애물을 넘었습니다. 아이가 결정을 내릴 수 있도록 도와주었고 분위기도 유쾌하게 만들었지요. 아이는 5분 안에 옷을 다 입을 것입니다. 언젠가 미래의 여자친구도 이렇게 하는 것이 좋습니다. 부드럽게 노래를 부르듯 "우리는 6월 26일에 결혼을 할 거예요~."라고 말해 주어야 합니다.(웨딩마치의 선율에 따라 불러 주면 좋겠지요?) 여자친구가 수줍음을 많이 타는 성격이라면 손자 손녀를 볼 때까지 제법 오래 기다려야 할지도 모릅니다. 당신이 아이를 너무 몰아세우거나 재촉하는 일 없이 결정 내리는 방법을 훈련시키는 데 성공한다면 미래의 여자친구도 덕을 보겠지요. 그때쯤이면 아이는 우유부단함을 극복했을 테니까요.

부모가 빨리 결정을 내리라고 고집스럽게 채근하여 아이의 섬세하고 조화로운 감각을 혼란스럽게 만든다면, 아이는 선택의 갈림길에 설 때마다 노이로제에 걸릴 것입니다. 그러니 아이에게 반복해서, 하지만 반드시 부드럽게 해결책을 제시해 주세요. 그러면 언젠가 아이는 요령을 터득할 테고, 아이의 가장 큰 난제를 극복하도록 도와준 당신은 평생 행복할 것입니다. 어떻게 하면 되는지 보여 주기만 하면 됩니다. 아이가 고집스러워 보일지 모르겠지만, 아이는 다만 결정을 내려야 하는 조심스러운 순간에 균형을 깨뜨릴 만한 방해물이나 서둘러야 한다는 정서적 트라우마에 천칭자리식으로 대응하고 있을 뿐입니다. 아이는 당신을 정말로 기쁘게 해 주고 싶지만, 자기를 둘러싼 소리와 색깔과 생각들이 조화를 이루어야만 자신의 뜻대로 행동할 수 있습니다. 긴장감은 비뚤게 걸려 있는 그림처럼 아이의 균형 상태를 깨뜨린답니다. 성급한 어른들이 적절하지 못한 방식으로 강요하면 천칭자리 아이는 비뚤어질 수 있습니다.

제 치과 의사 친구 이야기를 들으면 좌절감이 좀 줄어들지도 모르겠습니다. 그 친구의 집에는 세 살 터울로 천칭자리 딸이 둘 있는데, 매일 아침마다 어떤 일이 일어날지 상상이 가나요? 신발 네 짝과 양말 네 짝, 발 네 개, 그리고 두 개의 혼란스러운 마음이 있지요. 부모가 천문해석학을 접하기 전까지는 그 천칭자리 딸들은 거의 매일 맨발로 다녔답니다.

아이가 주저할 수밖에 없는 이유를 알아 두시는 것도 도움이 될 것입니다. 천칭자리 아이들은 남녀 모두 진실을 추구하는 마음을 타고났습니다. 이들은 마음씨가 착하고 언제나 공정한 사람이 되고 싶어 합니다. 천칭자리 아이는 실수를 하거나 잘못된 판단을 내리는 것을 끔찍이 싫어합니다. 아이는 당신의 감정을 상하게 하지 않으면서 자기 본성에 따라 균형 잡힌 해답을 추구하고 싶은데, 답을 찾기도 전에 당신 때문에 허둥지둥 서둘러서 뭔가를(양말을 신는 일까지도 포함해서) 해야만 하는 것이죠. 하지만 이런 신중함이 성격으로 굳어지면서 앞으로 사고나 말썽을 피하는 데에 도움이 됩니다. 긍정적으로 생각하세요. 천칭자리 꼬마 아이는 거실 벽에 파란 오리를 그릴지 말지 결정하는 데 오랜 시간이 걸리기 때문에 낙서를 하기 전에 당신은 아이를 말릴 수 있답니다.

천칭자리 아이가 고집이 세다는 오해를 받는다면, 그것은 아마도 당신이 라디오나 텔레비전을 너무 크게 틀어 놓았기 때문일 것입니다. 아니면 아이의 침실 색깔 때문에 아이가 밤에 잠이 안 와서 그럴 수도 있습니다. 야하고 요란스러운 색상은 아이의 정서적 저울추를 이리저리 기울게 만든답니다. 파란색 계열이나 파스텔 톤 색상은 아이를 차분하게 해 줍니다. 아이에게 뭔가를 먹이거나 옷을 입힐 때, 그리고 장난감을 정리하게 할 때에는 음악을 부드럽게(시끄럽지 않게) 틀어 놓으세요. 주변의 소리와 색상이 조화를 이루지 못하면 아이도 조화롭지 않은 반응을 보일 것입니다. 어쩔 수 없이 폭력적인 장면에 반복적으로 노출된다면 아이의 깊은 내면에 있는 무언가가 영원히 파괴될 수도 있습니다. 천칭자리 아이는 갓난아이 때라도 갑작스러운 소음에 경기를 일으키거나 온몸을 떨 수 있습니다. 천칭자리 아이는 평화와 고요함과 휴식이 아주 많이 필요하답니다.

그래서 이번에는 게으름이라는 새로운 문제가 생깁니다. 물론 그건 절대로 게으름이 아닙니다. 오랫동안 열심히 놀고 나면 아이는 휴식을 취해야 합니다. 빈둥거리는 것이 아닙니다. 단지 자신을 추스르는 시간을 보낼 뿐입니다. 천칭자리는 일정 시간 활동하고 나면 반드시 일정 시간 휴식해야 합니다. 그래야만 정서적으로도 육체적으로도 건강을 유지할 수 있습니다. 만약 그런 행동에 죄책감을 느끼도록 훈육한다면 아이는 자기방어 차원에서 정말로 게으름을 피울 것입니다. 천칭자리 아이가 한가하게 시간을 흘려보내고 있는 모습을 보더라도 야단법석을 떨 필요가 없습니다. 곧 내면의 저울이 다시 균형을 이루고 아이는 활동을 재개할 것입니다. 아이는 에너지를 다시 모으고 있을 뿐이랍니다. 아이의 행성들이 아이를 그렇게 만들었습니다. 아이가 노력한다고 바꿀 수 있는 문제가 아니지요.

천칭자리 아이는 사람들의 마음을 달래 주는 일을 아주 잘합니다. 아주 매력적인 방식으로 너무나도 다정하게 달래 줍니다. 그 사랑스러운 미소와 보조개를 거부할 수 있는 사람은 지구상에 없지요. 어린 천칭자리의 다정하고 사랑스러운 모습에 부모는 자발적으로 램프의 요정이 되어 아이의 모든 소원과 희망 사항을 들어 주게 됩니다.(아이를 애지중지하는 친척들은 백설공주의 난쟁이가 되어 주겠죠.) 결과적으로 천칭자리 아이는 학교에 들어갈 즈음이면 응석받이가 되어 통제하기 어려워지기도 합니다. 아이를 몇 년간 왕자님과 공주님으로 키워 놓고 이제 와서 지시에 잘 따르기를 기대할 수는 없습니다. 너무 애지중지하지만 않는다면 천칭자리 아이에게 그다지 많은 훈육이 필요하지는 않을 것입니다.

균형 있게 제대로 잘 자란 보통의 천칭자리 아이는 교사들에게 즐거움 그 자체입니다. 천칭자리 아이는 영리하고 논리적이며 토론을 좋아하고, 훌륭한 학생의 기본적 자질인 왕성한 호기심이 있습니다. 하지만 아이가 읽고 배우기 시작하면, 부모와 선생님들은 끊임없는 논쟁에서 벗어날 수 없을 것입니다.

천칭자리 아이에게 단정짓는 말은 통하지 않습니다. 어떤 사안이든지 항상 두 가지 측면을 모두 말해 주어야 합니다. 그렇지 않으면 아이는 당신이 공정하지 않다고 생각할 것입니다. 대충 말하면 통하지 않습니다. 당신이 한쪽 면에 대해서만 얘기하면 천칭자리 학생은 당신이 공정한 태도를 취할 때까지 다른 한쪽을 변론하면서 문제를 제기할 것입니다. 당신이 찬성 쪽으로 치우치면 아이는 반대 쪽에 훌륭한 근거를 제시합니다. 이런 이유로 천칭자리 아이는 반항적이라는 평판을 받을 수 있습니다.

천칭자리 아이는 매우 까다로워서, 어떤 규율이 타당하다는 것을 스스로 납득하지 못하는 한 절대로 따르지 않습니다. 양쪽의 저울은 항상 균형이 맞아야 합니다. 그렇지 않으면 천칭자리는 어디선가 불쾌한 힘이 자기를 당기고 있다고 느낍니다. 아이는 저울이 다시 조화롭게 평형을 이루고 있다는 느낌이 들 때까지 계속 논쟁을 할 것입니다. 천칭자리 아이는 항상 자기 부모나 교사들이 두뇌를 갈고 닦게 만들어 줍니다. 아이를 따라가려면 우수한 논리적 사고가 필요하니까요. 아이는 신문의 머리기사에서부터 가족 내 의견이 일치하지 않을 때 누가 옳고 그른지까지, 모든 것에 대해 논쟁할 것입니다. 천칭자리 아이는 어른들이 다른 사람 흉보는 말을 별로 좋아하지 않습니다. 아이는 신뢰를 신성하게 여기고, 사람들의 성급한 판단을 몹시 못마땅해합니다. 아이는 당신이 틀렸다고 생각하면 당신 원수의 편도 들어 줄수 있습니다.

절대로 아이의 사생활은 침해하지 마세요. 아이도 당신의 사생활을 침범하지 않을 것입니다. 식사 시간은 항상 유쾌하게 만들어 주세요. 여자 아이라면 당신을 구슬려서 양초와 꽃으로 장식하게 할 것이고, 남자 아이라면 균형 있는 식단과 달콤한 후식을 좋아할 것입니다. 과체중 문제가 생길 가능성이 있어서 욕실에 있는 저울이 좀 고생을 하게 될 것입니다.

천칭자리 자녀를 키우면서 좋은 점 하나는, 강요하지 않아도 대체로 아이가 단정하고 깔끔하게 자란다는 것입니다. 당신이 너무 거칠게 다루어서 아이가 속으로 분노를 품지만 않으면 됩니다. 천칭자리 아이는 대부분 집 안이 어수선한 것을 싫어하기 때문에 청소도 잘 도와줍니다. 천칭자리는 음악과 미술 양쪽에 재능이 있습니다. 미래의 작곡가나 화가가 나올 수도 있으니 아이가 잠재력을 개발할 기회를 반드시 제공해 주어야 합니다.

어린 천칭자리 여자 아이는 당신의 비싼 파우더를 전부 옷에 뿌리거나, 당신이 애지중지하는 향수를 곱슬머리 위에다 쏟아 붇거나, 또는 욕조에서 하루 종일 시간을 보낼지도 모릅니다. 아이가 향기나 따뜻한 물에 끌리는 것은 천칭자리가 아름다움과 상쾌함에 반응하는 현상일 뿐입니다. 아이가 커서 십대가 되면 거품 목욕을 하느라 욕실을 아예 독점하게 될 것이며, 손님용 고급 비누를 다 써 버릴 것입니다. 천칭자리 아이는 조화를 추구하며, 평화·아름다움·편안함을 조화로움과 동일시한다는 점을 꼭 기억하세요.

천칭자리 남자 아이라면 해먹에서 낮잠을 늘어지게 자거나, 감당하기 힘든 사안들을 놓고 늘 당신보다 많이 아는 처해서 당신을 자극하고 정신 사납게 할 것입니다. 하지만 아이는 주기적으로 낮잠을 자면서 에너지를 모으는 것입니다. 그리고 자신이 모든 것을 다 알고 있다는 태도에 대해서 말하자면, 아이는 당신을 상대로 변호사 연습을 하는 셈입니다. 긍정적으로 바라보세요. 배심원이라면 아이의 이야기를 꼼짝없이 앉아서 들어야겠지만, 당신은 저녁 준비하러 가거나 신문을 펼쳐 들고 그 뒤로 숨을 수도 있잖아요? 글쓰기에 대한 욕구가 있다면 남녀 아이 모두에게 글을 쓰도록 격려해 주세요. 천칭자리는 책을 주관하는 별자리이기도 합니다.

천칭자리 아이는 십대가 되면 늘 연애 분위기를 풍깁니다. 아이는 풋사랑을 여러 번 경험할 테고, 당신은 감상주의가 넘치는 집에서 살고 있는 느낌이 들겠지만 그것도 모두 한때입니다. 언젠가 아이도 결혼을 해서 근사하고 평화가 넘치고 조화롭고 토론이 많은 가정을 꾸릴 것입니다. 어느 햇살 맑은 10월 아침에, 당신은 다시 한 번 병원에서 간호사나 방문객들이 이렇게 말하는 것을 듣게 될지도 모릅니다. "어머나 세상에! 아기가 정말 예쁘네요. 너무 사랑스럽고, 정말 착해요. 조용하고 귀엽기까지 하고요." 그러면 당신은 고생해서 얻은 지혜로 이렇게 말하겠지요. "그렇죠? 하지만 아기 볼에 저 보조개 보이세요?"

천칭자리 사장

Ω

왕이 다급히 말했다.
"물론 안 중요하다는 뜻이었어."
그러고 나서 왕은 입 속으로 나지막이 되뇌었다.
"아주 중요하다⋯. 안 중요하다⋯. 안 중요하다⋯. 아주 중요하다."
어떤 말이 더 나은지 시험해 보는 것처럼 말이다.

당신이 남성이라면, 천칭자리 사장이 평범한 듯하지만 공정하고 무엇보다도 정직한 사람이라고 생각할 것입니다. 당신이 여성이라면, 알게 모르게 천칭자리 사장에게 어느 정도 매력을 느끼고 있을 것입니다. 금성의 파장은 강력하답니다.

천칭자리 사장은 2인 체제로 운영되는 회사의 대표인 경우가 많습니다. 무의식적으로 늘 사람이든 사물이든 두 개체를 결합하고 싶어 하기 때문입니다. 이런 욕구를 감정적인 차원에서는 이른 결혼이나 이른 연애로 해소합니다. 사업적으로는, 자신의 인격에 찬사를 보내주고 자신의 부족한 재능이나 능력을(부족한 능력은 별로 없지만) 채워 줄 수 있는 파트너와 매력과 지성을 겸비한 본인이 결합하여 본능적으로 균형을 이루려 할 것입니다.

천칭자리 사장은 다른 사장들처럼 분위기를 주도하지 않습니다. 그러기보다는 형세를 관망할 때가 많습니다. 그게 편하기 때문은 아닙니다. 사실 힘들 수도 있지요. 중립적인 태도를 취하고 있는 동안 얼굴 찌푸리는 것 좀 보세요. 사장은 두 가지 상반되는 의견을 이리저리 재 보면서 몸부림치고 있는 중이랍니다. 한쪽에 치우치지 않은 공정한 결정을 내리면 그는 다시 행복한 표정을 지을 것입니다. 하지만 중립적인 태도를 취하는 동안 겪을 고통은 헤아릴 수 없지요.

천칭자리 사장은 다양한 사교 활동을 하면서도 절대로 서두르는 법이 없습니다. 이런 식의 모순을 보여줄 수 있는 사람은 별로 없지요. 능수능란한 곡예사를 보는 것 같습니다. 그렇게 많은 활동을 하다 보면 언젠가는 마치 저글링을 하는 곡예사가 공을 놓치는 것처럼 균형을 잃고 금방이라도 불안한 상태로 빠져들 것 같습니다. 하지만 천칭자리 사장에게도, 저글링을 하는 곡예사에게도, 그런 일은 좀처럼 일어나지 않지요. 태어날 때부터 공기 원소와 친한 천칭자리들은 미친 듯이 바삐 돌아가는 활동도 아주 우아하게 해냅니다. 그럴 때는 마치 가만히 서 있는 것처럼 보입니다. 슬로우 모션 영화를 보는 것 같습니다. 결코 움직임은 멈추지 않지만, 영사기는 기이한 속도로 돌아가고 있습니다.

천칭자리 사장은 수줍고 조심스러울 때가 많지만 외로운 섬은 아닙니다. 늘 어떤 식으로든 타인과 의사소통하고 자신을 표현하고 싶어 합니다. 비록 대부분이 일방적인 연설이겠지만, 사장은 미소만으로도 당신에게 많은 것들을 말할 수 있습니다. 천칭자리 사장은 분명히 지성을 갖춘 사람이지만 출생차트에서 수성에 충돌 요소가 있다면 스스로의 지성을 확인하려 할 것입니다. 많은 천칭자리 사장들은 설득력 있게 말할 줄 알고 논쟁에도 능해서 회의실에 가득 찬 사람들을 쉽게 움직일 수

있습니다. 그다지 주목받고 싶어 하지 않는 수줍은 사장
마저도 논리정연하고 설득력 있게 토론할 수 있답니다.
물론 이런 사장이라면 말로 하기 전에 모든 것을 속으
로 계획해 보겠죠. 사장이 왜 그렇게 오랫동안 조용하게
지내는지 이제 아셨을 것입니다. 무슨 말을 할지 결단을
내리고 있는 중이지요. 당신은 사장이 그렇게 침묵의 시
간을 보낸 다음에 사장의 의견에 찬성하는 것이 안전합
니다. 그래야 마음을 바꿀 가능성이 적어집니다. 혹시라
도 서둘러 결정을 내리고 나면 나중에 다시 곰곰이 생각
해 볼 것입니다. 그리고는 처음 했던 생각이 성급했다는
것을 깨닫고 방향을 완전히 바꾸어 버릴 것입니다.

천칭자리 사장은 당신의 의견을 자주 물을 것입니
다. 당신이 똑똑해서 그런다고 자만하기 전에 기억해 둘
것이 있지요. 사장이 당신의 아이디어에 관심이 많다면
서 호들갑을 떠는 데에는 몇 가지 동기가 있습니다. 무
엇보다도 공정해지고 싶은 욕구에서 비롯됩니다. 사장
은 부당한 결정이나 사람들에게 환영받지 못할 결정은
하고 싶지 않습니다. 그리고 찬성과 반대 의견 모두를
강박적으로 수집하는 이유가 하나 더 있습니다. 사장은

가능한 모든 사실에 접근하지 않고서는 결코 현명한 판단을 내릴 수 없다고 생각하기 때문입니다.

중요한 계약 건을 놓고 밀고 나갈지 말지를 결정해야 한다면, 천칭자리 사장은 아내는 물론이고, 경비원·비서·청소부·홍보 담당자 등을 대상으로 투표를 실시할수도 있습니다. 그래서 결과가 좀 이상해질 수도 있습니다. 피곤한 청소부 아주머니가 '지분 보유 비율이 의결권이 없는 주주들의 주식에 미치는 영향'에 대해 논리적인 의견을 내기란 쉽지 않습니다. 고민해 볼 시간이 필요하겠지요.

경비 아저씨는 두 대기업이 합병될 때 드는 비용에 대해 감을 잡기가 좀 어렵습니다. 일단 4만 불이라는 변호사 비용이 그에게는 어마어마하게 비싸게 느껴집니다. 자신은 법률 상담으로 한 번에 40불을 낸 적이 있는데 그때도 돈을 낭비했다는 느낌이 들었으니까요.

신경쇠약으로 병원에 입원해 있으면서 월급을 계속 가불받는 부사장은 천칭자리 사장의 비서에게 짜증을 잔뜩 부릴 것입니다. 부사장은 몇 년 동안 정신적으로 중압감을 이기지 못하고 쓰러질 지경이었는데 천칭자리 사장처럼 비서를 그렇게 애지중지하는 사람은 없었습니다.

청소하는 아주머니는 마침내 결단을 내렸습니다. 지분 분할은 없던 걸로 하는 것이었지요. 분할이라는 말은 한 번도 믿어 본 적이 없습니다. 자신은 늙은 남편과 이혼하면서 일곱 명의 자식을 먹여 살리기 위해 청소 일을 시작해야만 했거든요.

천칭자리 사장의 아내는 "당신이 최선이라고 생각하는 대로 하세요."라고 얘기하면서도, 최대 주주 중 어떤 사람의 부인을 좋아하지 않는다는 이유로, 남편이 합병에 부정적인 입장을 취해야 한다고 개인적인 입장을 분명하게 표명합니다.

홍보 담당자는 자신의 의견을 바꾼 적이 없습니다. "전속력으로 앞으로 돌진!"하는 것이 모든 문제에 대한 그의 조언입니다.

마침내 합의가 이루어졌습니다. 이와 같은 전문적인 분석으로 무장한 천칭자리 사장은 여전히 열 명 중 아홉 명이 내리는 결정보다 더 논리적이고 합당한 결정을 최종적으로 내리기 위해 애를 씁니다. 놀랍지만 어쨌든 그렇게 합니다.

자신이 결정을 내릴 때 그렇게 많은 사람들에게 의견을 묻는 데에는 또다른 이유가 있을 수 있습니다. 만약의 경우 일이 잘못되었을 때, 그 책임을 다른 사람들에게 교묘하게 떠넘기는 성향이 있는 천칭자리도 드물게 있습니다. 일이 잘못되면 언제라도 어깨를 으쓱하며, 이렇게 말할 것입니다. "취소하자는 것은 내 생각이 아니었어. 청소부 아주머니가 합병은 올바른 결정이 아니라고 했거든."

하지만 자신의 지성과 감정을 조화롭게 결합시킬 수 있는 천칭자리 사장은 지혜의 우물이 될 수 있습니다. 여러분도 한 번쯤은 천칭자리 사장과 일해 보았을 것입니다. 주변에 실제로 천칭자리 사장이 많이 있습니다. 그들은 특히나 당신에게 무슨 문제가 생겼을 때 친절한 상사가 되어 줄 것입니다. 아무도 생각해 내지 못한 이런저런 점까지 고려해서 현명하면서도 공정하고 또 명석하기까지 한 해답을 제시해 줄 것입니다.

천칭자리 사장의 사무실 벽이 비어 있는 경우는 정말 드뭅니다. 예쁜 여인의 사진이 담긴 달력이라도 걸려 있습니다. 벽에는 주로 사진과 트로피, 명화 사본 같은 것들이 가지런히 걸려 있을 것이고, 캐비닛 안에는 먼지 한 톨 없을 것입니다. 분명히 오디오 세트나 CD 플레이어가 기본적으로 설치되어 있어서 사업상 불협화음이 생기거나 혼란스러운 일상 업무들로 마음이 흔들릴 때면 언제라도 음악을 들을 수 있을 것입니다. 사장실 내부의 색상은 화려한 법이 없습니다. 선명한 연두색이나 밝은 오렌지색 계열은 그의 눈을 아프게 합니다. 어떤 경우에는 동양적인 느낌을 풍길 수도 있습니다. 천칭자리 중 일부는 동양적인 취향에 빠져 있기도 합니다. 어쩌면 동양의 삶이 상대적으로 차분하고 온화하기 때문일 것이며, 동양철학의 평화로운 상생원리 때문일 것입니다. 책상 위에 늘 꽃이 있지는 않겠지만 사장이 천칭자리 여성이라면 책상 위에 꽃을 두는 것을 좋아할 것입니다.

실제로 여성 최고경영자 중에는 천칭자리가 많습니다. 그리고 양자리, 염소자리, 사자자리, 게자리가 그 다음으로 많습니다. 최고경영자가 천칭자리 여성이라면 사무실 안에 커다란 화분과 커다란 거울이 있을 것입니다. 음악도 항상 가까이에 있습니다. 그녀는 남성 사장보다는 일을 미루는 경향이 좀 덜합니다. 여성의 경우 높은 지위까지 오르는 것이 더욱 어렵기 때문에 우유부단함을 조율하는 법을 이미 터득해야만 했을 것입니다. 그렇지 않으면 잘난 사람들 속에서 맨 꼭대기까지 승진할 수 없었을 테니까요. 천칭자리 남성 사장의 경우처럼 여성 사장도 공정하려고 노력합니다. 회사 내에 논쟁이 있을 때에는 일단 양쪽 의견을 잘 듣고 아주 명확하게 이해하지요. 중요한 사안이라면 사장실 문을 닫고 들어가서 그녀가 황금저울을 이리저리 재 보는 모습을 발견하게 되겠지만, 시간을 끌지 않고 결정하는 분야가 하나 있기는 합니다. 바로 사랑입니다. 아마도 결혼은 자기와 어울리지 않는다고 이미 결정을 내렸거나, 최근에 연애가 끝나 버렸지만 아직도 꿈꾸는 듯한 눈빛을 하고 있을 것입니다. 지위 고하를 막론하고 천칭자리 여성이 사랑 없이 인생을 살 수 있는 경우는 드뭅니다. 비록 업무 시간 이후에는 숨어 버리는 것이 특기지만, 밤마다 혼자 장기를 두고 있지는 않을 것입니다. 비 내리는 월요일 저녁에는 근사한 책을 한 권 들고 집에서 뒹굴뒹굴하겠지만, 주말이면 대부분 시내에서 핑크빛 분위기를 연출하면서 데이트를 즐길 것입니다. 하지만 그 핑크빛 분위기는 일시적일지도 모릅니다. 그녀는 감정에 완전히 눈멀기에는 지성이 너무 날카롭고 논리적입니다. 천칭자리는 남녀 모두 마음이 머리를 지배하도록 내버려 두는 경우가 극히 드뭅니다. 이들의 머리는 너무 단단하고 총명해서 금성의 부드러운 광선들을 잘 받아들이지 못합니다. 천칭자리들에게서 발견되는 기이한 모순 중의 하나지요.

천칭자리 여사장은 분명히 아주 미인일 것입니다. 설사 빼어난 미인이 아니더라도, 지배행성인 금성이 그녀의 평범한 이목구비에 언뜻언뜻 미소를 던질 때 당신은 사장이 아름답다고 느낄 것입니다. 그녀의 매력적이고 사교적인 우아함은 고객들을 바보로 만들어 버리지만, 당신이 오랫동안 그녀와 일해 왔다면 그 우아한 사랑스러움 뒤에는 교활한 속임수 따위엔 넘어가지 않을 지성이 감추어져 있다는 것을 알아차릴 것입니다.

천칭자리 여사장이 짜증을 내는 날도 있겠지만, 가끔은 당신에게 모든 것을 맡겨 버리는 이해하기 어려운 모습을 보이는 때도 있을 것입니다. 규율 면에서는 천칭자리 남성 사장보다 다소 완고할 것입니다. 당신이 실수를 하면 그녀는 본능적으로 알아차리고 그런 종류의 일상적인 실수가 반복되는 것을 보고 싶지 않다는 강력한 메시지를 당신에게 보냅니다. 목소리는 부드럽거나 약간 허스키하며, 억양은 잘 조절되어 있고 말을 할 때 약간 끄는 경향이 있을 수도 있지만, 좀처럼 어조를 높이지는 않습니다.(동쪽별자리가 양자리나 쌍둥이자리, 사수자리라면 크게 화를 낼 때 분위기가 좀 우울해질 수 있습니다).

천칭자리 여사장은 마치 베스트 드레서 10인에 든 사람처럼 옷을 입을 때가 있으며, 실제로 그런 순위에 들기도 할 것입니다. 여직원들은 사장의 옷장이나 모피, 보석, 그리고 향수를 볼 때마다 부러워서 손톱을 물어뜯곤 합니다. 남자 직원들이라면 어떤 반응을 보일지 짐작이 가시죠? 사자자리, 전갈자리, 황소자리, 염소자리, 양자리 남자 직원들을 제외하고는 예외 없습니다. 이 별자리 남자 직원들은 여성 사장 밑에서 일하는 깃을 미치 중세시대의 하인이 된 것으로 느낄 것입니다. 하지만 나머지 별자리는 아무 저항 없이 그녀의 보조개 매력에 굴복할 것입니다.

　만약 천칭자리 여사장을 그냥 보통 여성으로 대하고 싶다면 너무 다정하게 굴어서는 안 됩니다. 그녀의 친근한 모습이 당신에게 자신감을 불어넣어 주겠지만, 그녀는 화장실에서의 수다를 용납하지 않을 것이며, 정수기 옆에서 삼삼오오 모여서 떠드는 것도 금지할 것입니다. 수다스러움이 무기가 되어 사장의 위치까지 오른 것이 아니니까요. 천칭자리는 남녀 모두 비밀을 지킬 줄 아는 신의 있는 사람을 좋아합니다. 말을 많이 하는 천칭자리도 있고 대부분 예외 없이 논쟁을 좋아하지만, 단순하게 수다를 떠는 사람들은 아닙니다. 분명히 차이가 있지요.

　여성, 남성을 막론하고 천칭자리 사장은 점심 시간을 오랫동안 즐기는 경향이 있습니다. 그래야만 하는 이유를 곧 알게 될 것입니다. 천칭자리는 배가 고프고 피곤하면 평상심을 유지하기가 어렵습니다. 금성에서 온 사장들은 날마다 일정한 휴식을 취하고 한 시간 정도는 낮잠을 잘 수 있어야 좋은 상태를 유지할 것입니다. 사장이 균형을 유지하게 해 주고 싶다면 사장실에 근사한 소파를 놓는 것이 좋습니다. 천칭자리 사장은 그 소파에 앉아 잠깐이라도 눈을 붙여야 하는 사람이지만, 그 자체에 대해서는 약간 죄책감을 느끼기도 합니다. 사장이 우중충한 옷을 입고 눈은 빨갛게 충혈되어 회색 가방을 길게 늘어뜨리고 출근하는 날은 정말이지 사장을 피하고 싶을 것입니다.

아주 독립적인 동쪽별자리를 가지고 있지 않다면 천칭자리 사장은 노동조합이 존재해야 한다고 생각합니다. 공정한 것이라면 무엇이든지 좋습니다. 천칭자리는 남다른 정의감이 있기 때문에 타고난 중재자로서 논쟁이나 분쟁을 잘 조정하기도 합니다. 돈에 관해서는 중간이 별로 없습니다. 도시에서 가장 인색한 사장이거나 가장 후한 사장, 둘 중의 하나입니다. 하지만 가끔은 정반대의 모습을 반복해서 보여 주기도 합니다. 12월에는 스크루지가 되었다가 7월에는 산타클로스가 되기도 합니다. 매 순간 태도가 확실하지요. 팁도 5센트를 줄 때가 있고 5달러를 줄 때가 있답니다.

머지않아 사장은 당신을 집으로 초대할 것입니다. 천칭자리 사장들은 대부분 직원들을 집에 초대해서 즐

거운 시간을 보내고 싶어 합니다. 흠잡을 데 없이 우아
한 손님들을 만나게 될 것입니다. 남성 사장이라면 여성
들에게 아주 정중한 태도를 보여 줄 것이고, 남성들에게
도 아주 인기가 있을 것입니다. 그에게 미움을 받고 싶
다면 천박하고 편향된 의견을 시끄럽게 표명하세요. 확
실하답니다. 천칭자리에게는 조화로움이 거의 이름이나
다름없다는 것을 기억하세요. 기회를 봐서 조화로운 화
합을 이끌어 내 보세요.(절대로 화합을 깨트리거나 방해하면
안 됩니다.) 그러면 천칭자리 사장은 이유도 정확히 모른
채 당신을 곁에 두고 싶어 할 것입니다.

　가끔 보이는 사장의 우유부단함 때문에 짜증이 날
때도 있습니다. 일을 좀 질질 끄는 경향이 있으니 그가
꿈을 실현하게 하기 위해서라도 가끔 압박을 가해야 합
니다. 하지만 그토록 아름다운 미소와 당신이 존경해 마
지않는 침착한 지성, 그리고 당신과 중간 정도에서 타협
하려는 의지가 있지요. 당신이 자신을 추월해서 저 높이
우뚝 서기를 바라지는 않지만, 그렇다고 당신이 자신의
노예가 되는 것을 기대하지도 않습니다. 무조건 밀어붙
이는 사람도 아니고 그렇다고 잔소리꾼도 아닙니다. 그

리고 절대로 당신의 믿음을 배신하지 않을 것입니다. 당신이 이 모든 조건만 만족시켜 준다면 천칭자리 사장의 저울은 균형을 맞출 것입니다. 천칭자리 사장은 복합적인 성격의 소유자입니다. 완벽해지기 위해서 당신의 협력을 절실히 필요로 하는 천칭자리 사장이라면 당신의 마음까지는 아니더라도 당신의 충성심 정도는 손에 쥐게 될 것입니다. 뭔가 당신을 끄는 힘을 느끼지 못하셨나요?

천칭자리 직원

♎

"재판은 얼른 끝내고 먹을 거나 나눠 주면 좋겠는데!"

예전에 어떤 천칭자리 디자이너가 대작 영화에서 의상을 담당하게 되어 서부 해안으로 날아갔습니다. 그는 럭셔리한 비버리힐즈 호텔에 6주를 묵었지만 단 한 장의 스케치도 하지 못했다고 합니다. 아이디어가 부족해서는 아니었습니다. 오히려 아이디어는 넘쳐났지요. 이유는 다름 아닌 니무 강렬한 푸른색 공작이 그려진 흉물스러운 카펫 때문이었답니다. 디자이너는 그 카펫 때문에 악몽 같은 두통을 겪어야 했습니다. 창작은커녕 똑바로 생각할 수조차 없었는데 방을 바꾸기는 싫어했답니다. 야자수가 내다보이는 전망이 너무 좋았다고 하네요.

영화는 거의 두 달 동안이나 지연되고 있었는데 마침내 영화 프로듀서가 무엇이 문제인지 알아냈습니다. 그 프로듀서는 천칭자리의 미적 취향이 까다롭다는 사실을 알아차리자마자 그 불쾌한 카펫을 은은한 장밋빛의 새 카펫으로 교체해 주었습니다. 그 프로듀서가 어쩌면 그렇게 잘 이해했는지 궁금하시지요? 그는 쌍둥이자리였답니다. 의상 디자이너의 불평이 합리적인지 아닌지는 중요하지 않았습니다. 쌍둥이자리는 가능한 한 빨리 일을 진척시키고 싶었기 때문에 가장 신속한 해결책을 선택한 것뿐입니다. 물병자리와 쌍둥이자리 사장들은 섬세한 금성의 기질을 다루는 데 있어서 탁월한 솜씨를 발휘합니다. 공기 별자리들 사이에는 공감대가 존재합니다. 공기 별자리들은 모두 구름 위를 떠다니는데 각각 고도가 다를 뿐이랍니다.

천칭자리 직원을 데리고 있다고 해서 당장 달려 나가 새 카펫을 사올 필요는 없습니다. 9월 말에서 10월

사이에 태어난 모든 사람들이 그렇게 예민한 신경을 가진, 대처하기가 어려운 예술가들은 아니랍니다. 하지만 주변 환경이 산만하지 않다면 더 행복하게 일할 수 있을 것입니다.

천칭자리 직원은 매일 얼굴을 맞대고 일하는 사람들에게서 불쾌한 일을 당하지 않아야만 효율적으로 일할 수 있습니다. 거칠고 지저분하며 조화롭지 않은 환경은 그를 우울하게 만들 수 있지만, 적대적인 동료들로 인해 빚어지는 우울은 훨씬 심각합니다. 천칭자리 직원은 색상의 파장에 민감한 만큼, 가까이 있는 동료들의 성격에서 뿜어져 나오는 파장에도 민감합니다. 최근 들어 부쩍 천칭자리 직원이 혼란스러워 보이거나 뭔가 다른 사람처럼 보인다면, 또는 평소의 기준에 미치지 못하는 미약한 업무 성과를 내고 있다면, 그 직원이 단지 실수를 하고 있는 게 아닐 것입니다. 아마도 그는 우편물을 전달해 주는 직원이나 사무실 청소하는 사람에게 알레르기 반응을 일으키고 있을지도 모릅니다.(그의 부하 직원 때문이 아니기를 바랍니다. 계속 옆에 있어야 하는 직원에게 알레르기 반응을 보인다면 그 고통스러운 거슬림은 참기 힘들 것입니다.) 어쩌면 책상 위의 얼룩 때문일 수도 있습니다. 가능하면 연한 파란색 계열의 근사한 새 책상으로 바꿔 주고 청소 직원의 근무 시간도 조정해 주세요. 그리고 우편물 전달하는 직원은 그 근처에 오지 못하게 하세요. 즉각적으로 천칭자리 직원의 업무가 향상되는 것을 볼 수 있을 것입니다. 그 직원은 그저 잠깐 균형이 안 맞았을 뿐이랍니다.

천칭자리 직원의 저울이 한쪽으로 기울어지면 어떤 일이라도 일어날 수 있습니다. 천칭자리 직원은 뜬금없이 불만스러워하고 게을러지며 왠지 뚱하게 있으면서도 그 이유를 말해 주지 않습니다. 평소에는 사랑스럽고 침착한 모습을 보이던 직원이 갑자기 변하면 당신 마음도 불안해지겠죠. 그렇게나 매력적인 보조개를 가진 사람이 어쩌면 그렇게 무뚝뚝해질 수 있을까요? 간단합니다. 당신의 저울이 한쪽으로 기울어졌다면 어떤 기분이 들까요? 썩 유쾌한 경험은 아닐 것입니다. 마치 항구에서 출발해서 파도가 치는 바다를 우현으로만 이동하는 것 같다고나 할까요? 천칭자리 직원의 가정에 뭔가 화나는 일이 있었는지도 모릅니다. 하지만 그 이유가 무엇이든 천칭자리 저울의 균형이 맞지 않을 때, 당신이 노심초사할 필요는 없습니다. 천칭자리의 저울이 조화를 찾아 다시 반대쪽으로 기울어질 때까지 그다지 오랜 시간이 걸리지는 않을 테니까요. 균형을 찾고 나면 당신의 사무실에도 다시 평화와 고요함이 찾아올 것이고, 천칭자리 직원의 업무도 예전처럼 탁월해질 것이며, 비교할 수 없는 금성의 미소에 예전처럼 다시 녹아 버리게 될 것입니다.

회사에 노동조합이 있다면 천칭자리 직원은 노동조합에 가입해서 동등한 권리와 정당한 임금을 주장할 가능성이 매우 높습니다. 실제로 천칭자리는 노동조합을 평생직장으로 삼는 경우도 많습니다. 모든 천칭자리에게 있어 가장 중요한 것은 조화이니까요. 완벽한 정의가 바로 이들의 이상입니다. 분쟁을 해결하는 타고난 재능을 가지고 있는 이들에게 노동조합은 놓치기 아까운 기회인 셈입니다. 노동조합이 없는 회사라면 사내 분규가 발생했을 때 천칭자리 직원이 중재자 역할을 해낼 것입니다. 전형적인 천칭자리는 다툼의 분위기를 없애는 일에 아주 능숙합니다. 그는 양쪽의 의견을 어떠한 편견도 없이 옹호해 주며, 대립하고 있는 양쪽이 상대편의 관점을 이해할 수 있도록 해서 마침내 모든 사람이 화해할 수 있도록 마무리해 줄 것입니다. 하지만 당신을 당혹스럽게 할 소지도 있습니다. 천칭자리 직원은 어떤 경우에는 오히려 논쟁을 조장하면서 열기에 휩싸입니다. 천칭자리 직원에게는 모든 논쟁이 건강한 논쟁이라는 점을 기억해야만 합니다. 그는 찬성 입장에서 반대 의견을 공격하고, 또 반대 입장에서 찬성 의견을 공격하는 것 자체를 좋아한답니다. 그의 눈에 이것은 다툼이 아닙니다. 훌륭한 지적 논쟁이야말로 순수한 즐거움 그 자체이니까요. 영화 관람보다 더 재미있어 합니다. 자신의 주장을 남들에게 뛰어난 논리로 납득시키면서 다른 사람들의 허술한 생각을 완전히 깨부수는 동안에 자신이 긴장감을 조성하고 있다는 사실은 잘 인식하지 못합니다. 자신의 두뇌 게임이 본격적으로 사람들을 화나게 해서 마침내 사람들의 신경이 날카로워지는 지점에 이르면 그는 당황합니다. 이럴 때 전형적인 천칭자리라면 사람들이 받은 상처에 재빨리 연고를 발라 주면서 왜 이렇게 유머 감각이 없느냐며 햇살처럼 따사로운 미소로 사람들을 구슬립니다. 솔직히 말해서 당신을 그렇게 쉽게 조종하는 것을 보면 죽이고 싶을 정도로 미워지기도 할 것입니다.

하지만 반대로 천칭자리 직원이 남에게 상처받았을 때에 자신의 다친 감정을 달래는 것은 전혀 다른 문제입니다. 천칭자리 직원을 화나게 하거나 즐겁게 하는 것이 무엇인지를 파악하는 일 자체가 매우 어렵습니다. 어떤 날은 빛이 날 정도로 환하게 웃거나 인자한 미소로 엮은 화환을 머리에 쓰고 있습니다. 그런데 바로 그 다음날은 그 천진난만함에 상처를 입고서 얼굴을 심하게 찡그리고 있습니다. 천칭자리 직원을 이렇게 만드는 것이 과연 무엇인지 이해할 수가 없습니다. 저울이 어느 쪽으로 얼마나 기울어질지 자기 자신도 모르는데, 어떤 이유로 기분이 어떻게 될지는 남들이 알 수가 없지요. 동료들에게 물어보세요. 저기 저 보조개가 있는 직원이 예측 불가능한 반응을 보일 때가 있는지 말이에요. 아마 이런 식의 대답을 할 것입니다. "글쎄요. 제가 며칠 전에 저 친구보고 살이 좀 쪘냐고 물어봤는데, 그때는 그냥 귀엽게 웃더라고요. 그래서 저는 그 친구가 잘 받아들인 줄 알았죠. 그런데 오늘 아침에 제가 농담으로 '토실이'라고 불렀더니 그 다음부터는 저한테 말 한 마디 안 하네요." 아니면 이런 식의 대답도 있을 수 있습니다. "글쎄요. 지난주에 콜로니 레코드 가게에서 산 글렌 밀러* 앨범을 보여 주길래 빅밴드는 공룡처럼 구식이라고 대꾸했어요. 그랬더니 그 친구가 그냥 씩 웃으며 자기가 고고학과 출신이라고 하더라고요. 그런데 오늘은 제가 리셉션 아가씨한테 빅밴드 음악이 재미없다고 얘기하는 걸 듣더니만, 거의 한 대 칠 것 같은 기세로 저한테 역겨운 마약쟁이 히피라고 하는 거예요. 지난 주에는 유머러스하게 받아 줬는데 말이죠. 그 친구가 빅밴드 앨범을 모으고, 마치 성당에 와 있는 것처럼 매일 밤 초를 켜 놓고 빅밴드 음악을 듣는다는 걸 제가 무슨 수로 알았겠어요?" 천칭자리는 똑같은 일로 지난달에는 당신을 증오했지만 오늘은 당신을 좋아할 것이며, 어제는 재미있다고 생각했던 것을 오늘은 경멸할 것입니다. 자꾸 바뀌는 그의 반응에 대처하는 일이 까다롭기야 하겠지만, 천칭자리의 왔다갔

* 글렌 밀러(Glenn Miller, 1904~1944): 미국의 재즈 트롬본 연주자, 편곡자, 지휘자.

다하는 모습 이면에 있는 천성은 늘 공평하고 분별력 있는 상태를 유지하고 있답니다. 그의 찌푸림은 그저 표면적인 것이고, 그의 미소가 진짜입니다. 찌푸림은 그냥 무시하고 미소에 집중하세요. 실제로 불필요하게 높이는 언성이나 긴장감만큼 전형적인 천칭자리를 뒤흔드는 것은 없답니다. 금성의 분노에는 어떤 비뚤어짐도 없습니다. 겉에 얼음이 좀 얼어 있을 수도 있지만, 얼음은 당신도 알고 있듯이 결국 녹아 버리지요.

천칭자리 여성 직원을 보면 종종 통밀 토스트 조각이 떠오릅니다. 늘 걸스카우트 같은 분위기가 나지요. 물론 일부는 통밀 위에 설탕 시럽을 바른 것처럼 목소리가 상냥하고 태도가 부드러운 사람도 있습니다. 어쨌거나 기분 좋은 다정함이지요. 금성의 여인이 드세 보이거나 노골적으로 섹시함을 풍기는 경우는 드뭅니다. 이들의 매력은 보다 산뜻하고 부드러워서 마치 청명한 푸른 하늘을 배경으로 붉은빛과 황금빛을 띤 인디언 서머 같은 느낌이 납니다. 얼음처럼 차가운 천칭자리 여성은 별로 없습니다. 천칭자리 여성을 보면 자신을 잘 다스릴 줄 알 거라는 인상을 즉시 받게 됩니다.

천칭자리 여성은 오랜 시간 하이킹을 하거나 도서관에 있는 것을 좋아합니다. 또는 산책을 좋아하거나 독서회에 다닐 확률이 높습니다. 정도의 차이는 있지만, 천칭자리는 신체 활동과 문학에 항상 관심이 많습니다. 하지만 산책이나 하이킹을 하는 시기 사이에 긴 휴지기가 있습니다. 무기력하게 지내며 에너지를 보충하는 것이지요.(이럴 때 밀린 독서를 합니다.)

천칭자리 영업사원은 법학 학위를 따려고 따로 공부를 하고 있을지도 모릅니다. 실제 경력으로 삼아도 될 만큼의 전문적인 취미 활동을 하고 있을 수도 있습니다. 일 이외에 다른 영역에서 전문적인 수준에 이르렀을 것이며, 생각지도 못한 분야에 상당한 전문지식을 보유하고 있을 것입니다. 하지만 그가 늘 천착하고 있는 주제가 하나 분명히 있습니다. 아가씨들, 여인들, 그리고 여성의 육체미입니다. 천칭자리 남성 중 최소한 90퍼센트는 「플레이보이」 잡지를 구독하고 있습니다. 설령 그런 사실을 부끄러워할지라도 금성에서 온 남자들은 내심 현혹적이고 도발적인 미소를 짓고 있는 육감적인 여성들의 사진을 은밀하게 즐깁니다. 물론 실물을 보는 것을 더 좋아하겠지요. 이런 이유로 천칭자리 남성들은 나이트클럽에 자주 갑니다. 물론 무대 위의 쇼가 끝나서 시끄러운 군중들이 몰려나와 천칭자리의 조화로움을 무너뜨리기 시작하면 바로 클럽을 떠나기는 하지만요. 행복한 결혼 생활을 하고 있는 천칭자리 남성은 눈으로 보는 즐거움 이상으로 이성에 대한 관심을 지속적으로 기울이지는 않습니다. 하지만 독신남이라면 난봉꾼 중의 난봉꾼이 될 수도 있습니다.

천칭자리는 모두 이미 결혼을 했거나, 약혼을 한 상태이거나, 이혼을 했거나, 아니면 아주 심각한 연애를 하고 있습니다. 혼자 카누를 저어 가는 법이 없습니다. 초승달이 뜨는 저녁 시간이면, 푸른 호수를 가로지르는 메아리처럼 천칭자리의 집에서 남의 눈을 피해 살금살금 다니는 발 소리를 들을 수 있습니다. 모든 천칭자리 영웅에게는 여인이 있기 마련이고, 여성의 경우도 마찬가지입니다.

사랑스럽고 예쁜 천칭자리 여직원과 잘생기고 부드러운 천칭자리 남자 직원이 일하는 동안에는 음악을 틀어 행복하게 해 주세요. 이들에게는 고함을 치지 말고,

일을 할 때는 그것을 왜 해야 하는지 논리적인 근거를 제시해 주세요. 그들의 능력을 존중해 주세요. 그들은 보통 다른 직원보다는 훨씬 똑똑하답니다. 그리고 절대로 긴장감을 조성하지 마세요.

대접만 제대로 해 준다면 천칭자리 직원은 사내에서 어떠한 마찰도 일으키지 않고 전략과 외교의 천사로서 거의 모든 직원들과 잘 지낼 것입니다. 그 직원은 본인이 관여하는 모든 것에 우아함과 아름다움을 불어넣을 것입니다. 영업 전략을 짤 때에도 당신을 돕도록 해 주고, 고위직이 참여하는 브레인스토밍 회의에도 참석할 수 있도록 장려해 주세요. 임원급들이 어떻게 움직이는지 감을 잡을 수 있도록 해 주세요. 천칭자리는 진취적인 에너지를 가진 별자리이므로 아래 직급에 계속 머물러 있을 직원이 아닙니다. 스스로도 리더가 되고 싶어 하며, 또 자질도 충분합니다. 자격도 되지요. 가능한 한 빨리 천칭자리 직원에게 무언가 권한을 맡기세요. 그리고 그가 행정 서식과 사소한 불만들, 해결하기 어려운 문제들을 쉽게 해결해 나가는 모습을 지켜보세요. 옷도 남들과 다르게 입을 테고 행동도 남다르게 할 것입니다. 회사의 이미지를 높이기에도 아주 좋은 직원입니다. 천칭자리 여직원이라면 특유의 유쾌한 방식으로 원하는 것은 결국 얻고야 맙니다. 그녀가 승진을 원하면 그렇게 해 주세요. 아마도 당신을 실망시키지 않을 것입니다. 멋진 어깨 위에 똑똑한 머리가 있으니까요. 그것을 활용하세요.

천칭자리 직원들은 결정을 내리는 데에 다소 어려움을 겪을 수도 있습니다. 천칭자리 직원의 생각은 그 목적지가 결정인 경우에는 좀처럼 속도를 내지 않지만, 궤도를 이탈하는 일은 결코 없습니다. 마침내 종착역에 도착했을 때에는 올바른 답을 쥐고 있을 것입니다. 비록 그 모습이 머리가 두 개 달린 기린이 답을 찾기 위해 허리 굽히기 운동을 하는 것처럼 보일지라도 말이지요.

천칭자리는 매우 예술적이고, 음악에도 관심이 많고, 법률적인 감각과 철학적인 성향이 있습니다. 이들은 병원이나 쇼 비즈니스, 출판, 과학, 법률, 원예, 정치, 백화점, 인테리어 장식 또는 정부 행정기관 등에서 차분하게 영향력을 발휘하는 경우가 많습니다. 하지만 어느 영역이든, 천칭자리의 온도는 약 섭씨 21도 정도일 것입니다. 절대로 영하로 떨어지거나 부글부글 끓지 않습니다. 고장 나도 자동으로 수리되는 인간 에어컨을 사무실에 두고 있는 것과 같습니다. 진짜 기계라면 이런 식의 보증은 받을 수 없지요. 대신 기계는 말대꾸를 안 한다고요? 뭐, 그건 맞는 말이지만 다른 한편으로는……. 잠깐만요, 제가 지금까지 말한 것을 이리저리 재 보는 것 좀 그만하세요. 당신 꼭 천칭자리 같아요!

당신은 끝없는 우주입니다

바빌론까지는 얼마나 멀어요?
60마일하고도 10마일 더 가야지.
촛불만 들고 갈 수 있을까요?
물론이지, 돌아올 수도 있는 걸!
−마더구스 중에서

마더구스의 순백색 깃털을 흔들고 그 이상한 주파수에
채널을 맞추면, 지혜로운 마더구스가 비밀을 보여 줄지
도 모릅니다. 언뜻 유치하게 들리는 마더구스의 자장가
에는 숨은 보석 같은 지혜가 담겨 있을 것입니다.

바빌론이 얼마나 멀리 있냐고요? 칼레도니아의 샌
들 신은 사람들의 시대나 보석을 걸치고 향수를 뿌린 이
집트 파라오의 시대에서부터 우주 시대까지는, 혹은 사

라진 아틀란티스 대륙 시대에서부터 제트 항공기 시대인 21세기까지는 어마어마한 시간의 흐름이 있다는 것을 알겠습니다. 하지만 실제로 그 시절이 얼마나 멀리 있는 걸까요? 어쩌면 한두 번 꿈을 꾸고 나면 닿을 수 있는 거리인지도 모릅니다.

과학 분야 중에서 유일하게 천문해석학만이 그 오랜 세월 동안 온전하게 이어져 오고 있습니다. 그 세월 동안 변치 않고 우리 곁에 남아 있다는 사실에 놀랄 필요는 없습니다. 천문해석학은 진실이고, 진실은 영원하니까요. 문명이 처음 생길 때부터 마치 모든 여성들과 남성들의 목소리가 메아리치듯이 오늘날 현대에도 똑같은 말이 반복되고 있지요. "금성이 당신의 지배행성인가요?", "저는 황소자리로 태어났어요.", "당신의 수성도 쌍둥이자리인가요?", "그 사람이 물병자리인 걸 모르시겠어요?"

천문해석학은 우리에게 행성 탐험이라는 흥미로운 미래를 마련해 주는 동시에 우리를 아련한 과거와 연결해 주는 황금 끈입니다. 과거에 황당한 미래 사회에 대한 글을 쓰거나 영화를 만들었던 사람들이 사실 몽상가가 아니었음이 증명되고 있습니다. 너무나도 환상적인 영화 〈벅 로저스〉*는 모든 분야의 과학보다 진보한 이야기를 다루었으며, 이 우주에는 우리가 상상하는 것보다 훨씬 많은 것이 존재한다는 사실을 일깨워 주었습니다. 만화책 주인공이었던 딕 트레이시가 사용했던 양방향 손목 무전기는 이제 더 이상 환상이 아니라 현실이 되었지요. 문 메이드**의 가장 강력한 무기는 레이저 광선이라는 기적과 맞아떨어지면서 납을 물처럼 흐르게 하고 인간이 알고 있는 어떤 단단한 물질도 뚫을 수 있게 되었습니다. 쥘 베른Jules Verne과 플래시 고든Flash Gordon은 상당히 매력적인 예언가로 평가받고 있습니다. 바다 속 심연과 그보다 훨씬 먼 지구 위 하늘에는 중요한 비밀이 숨어 있다는 사실도 이제는 과학으로 밝혀졌지요.

공상과학 작가나 만화가가 연구실에 있는 과학자보다 과거와 현재 그리고 미래 사이의 실제적인 거리감에 대해 더 잘 알고 있는 걸까요? 아인슈타인 박사는 시간

---

* 벅 로저스(Buck Rogers): 1939년 미국에서 제작된 공상 과학 영화.
** 문 메이드(Moon Maid): 에드거 라이스 버로스의 판타지 소설 『The Moon Maid』의 주인공.

이 상대적이라는 사실을 알아냈습니다. 시인들도 항상 알고 있었고, 과거로부터 전해 내려오는 현자들도 알고 있었습니다. 그 메시지는 새로운 것이 아니었죠. 요즘처럼 천문해석학에 관심이 쏟아지기 훨씬 이전에도 플라톤, 톨레미, 히포크라테스, 그리고 콜럼버스는 천문해석학의 지혜를 존중했고 갈릴레오, 벤 프랭클린, 토머스 제퍼슨, 아이작 뉴턴, 그리고 카를 융 같은 사람들도 천문해석학을 가까이했습니다. 존 퀸시 애덤스 대통령도 그 중 한 명이며 위대한 천문학자 튀코 브라헤, 요하네스 케플러도 추가해야 합니다. RCA* 회사의 천재 연구원 존 넬슨, 그리고 퓰리처 수상에 빛나는 존 오닐 등도 있습니다. 이들 모두 고등교육을 받은 사람들이지요.

1953년 노스웨스턴 대학의 프랭크 브라운 주니어 교수는 굴을 가지고 실험을 하는 과정에서 정말 놀라운 사실을 발견했습니다. 지금까지 과학계에서는 굴이 껍데기를 열고 닫는 주기는 태어난 장소의 조수간만 주기

---

* RCA(Radio Corporation of America): 1932년 설립된 미국의 전자 기업으로 미국 내에 라디오와 텔레비전을 보급했다. 1986년 제너럴 일렉트릭(GE)에 인수되었다.

를 따른다고 추정해 왔습니다. 하지만 브라운 박사가 롱 아일랜드 해협에서 채집한 굴을 일리노이 주의 에반스턴에 있는 연구실 수조에 가져다 놓았을 때 이상한 일이 벌어졌습니다.

굴을 옮겨 놓은 곳은 항상 일정한 온도를 유지하고 늘 희미한 조명을 켜 둔 상태였습니다. 처음 2주 동안 그 옮겨진 굴은 1000마일 떨어져 있는 롱아일랜드 해협의 조수간만에 따라 껍데기를 열고 닫았습니다. 그러다 갑자기 껍데기를 굳게 닫고는 몇 시간 동안 그대로 있었습니다. 굴이 향수병으로 인해 껍데기를 닫아 버렸다고 브라운 박사 연구팀이 결론 내리려고 할 즈음 이상한 일이 생겼습니다. 굴이 다시 껍데기를 연 것입니다. 롱아일랜드 해협 밀물 시간에서 정확하게 4시간 뒤인 에반스턴 밀물 시간에, 마치 해변에 있는 굴처럼 껍데기를 열었습니다. 새로운 주기가 시작되었습니다. 자신의 리듬을 새로운 지리적 위도와 경도에 맞췄습니다. 도대체 어떤 힘이 작용했을까요? 물론 달의 힘이죠. 브라운 박사는 굴의 에너지 주기가 밀물과 썰물을 통제하는 신비한 달의 신호에 의해서 움직인다고 결론 내릴 수밖에 없었습니다.

이와 마찬가지로 인간의 에너지와 정서적 주기도 여러 행성들로부터 오는 훨씬 더 복잡한 전자기 네트워크에 영향을 받습니다. 과학계에서는 달의 인력으로 인해 바다에서 조수간만의 차가 발생하는 것으로 인식하고 있습니다. 신체의 70퍼센트가 물로 구성되어 있는 인간이 그런 강력한 행성의 인력에 영향을 받지 않을 수 있을까요? 우주 비행사들이 행성에 다가갈 때 느끼는 엄청난 전자기력의 영향은 익히 알려진 사실입니다. 달의 인력은 여성들의 월경 주기나 출산에도 영향을 미친다고 알려져 있고, 정신병원 환자들이 달의 영향을 받는다는 의사와 간호사들의 반복되는 증언도 있습니다. 보름달이 뜨는 날에는 경찰도 힘들어한다는 얘기를 들어 보셨는지요? 농사력에 나오는 조언을 무시하고 지지대를 박거나 돼지를 잡거나 작물을 심는 농부가 있을까요? 달과 행성들의 움직임은 의회에서 논의하는 세금 문제만큼이나 중요한 문제입니다.

모든 행성 중에서도 달의 인력이 가장 두드러지고 극적인데, 그것은 달이 지구에서 가장 가깝기 때문입니다. 하지만 태양을 비롯해서 금성, 화성, 수성, 목성, 토성, 천왕성, 해왕성, 명왕성도 아주 멀리서 그 영향력을 분명히 행사하고 있습니다. 과학자들은 식물과 동물이 어떤 규칙적인 주기에 영향을 받는다는 사실을 인식하고 있는데, 그 주기는 바로 공기 중에 있는 자장이나 기압의 변동 그리고 중력과 같은 힘에 의해서 결정된다고 합니다. 지구에 영향을 미치는 이러한 힘은 별의 보이지 않는 파장이 날아오는 우주에서부터 비롯됩니다. 달의 변화, 감마선·우주선·엑스선 샤워, 배 모양 전자기 파장의 맥동, 그리고 외계로부터 오는 여타의 영향력들은 우리를 둘러싸고 있는 대기권을 지속적으로 뚫고 쏟아져 내리고 있습니다. 지구상에 있는 어떤 생명체나 광물도 그것을 피할 수 없으며 우리 인간도 마찬가지입니다.

예일대 의대 해부학 박사인 해럴드 버는 복잡한 자기장이 인간의 출생 시에 어떤 패턴을 형성하는 것뿐만 아니라 사는 동안 그 패턴을 통제한다고 언급했습니다. 버 박사는 또한 인간의 중추신경계는 전자기 에너지를 매우 잘 흡수하는, 자연계에서 가장 예민한 기관이라고 말했습니다.(인간은 굴보다 좀 더 멋있게 걷기는 하지만 굴과 똑같은 진동 소리를 듣는다는 말이지요.) 또한 우리 뇌 속에 있는 세포 10만 개는 전기가 흐를 수 있는 무수히 많은 회로를 형성하고 있습니다.

그러므로 우리 몸과 뇌 속에 있는 미네랄과 화학 물질 및 전기적인 세포는 태양의 흑점, 일식 그리고 행성의 움직임에서 발생하는 모든 영향에 반응합니다. 인간도 다른 모든 살아 있는 유기체와 마찬가지로 우주의 끊임없는 밀물과 썰물에 반응합니다. 하지만 인간은 고유의 자유의지가 있기 때문에 그런 외부의 영향력에 구속될 필요는 없습니다. 다시 말해서 우리의 정신은 이러한 행성들의 영향보다 더 우위에 있다는 뜻입니다. 그러나 불행하게도 우리 대부분은 자유의지(정신의 힘이지요.)를 사용하지 못하고 있고, 우리의 운명을 미시건 호수나 옥수수자루만큼이나 제어하지 못하고 있습니다. 천문해석가의 목표는 사람들이 인생의 급류에 그냥 쓸려 다니지 않고 그 흐름에 맞서 싸우는 방법을 얻도록 도와주는 것입니다.

천문해석학은 과학인 동시에 예술입니다. 비록 많은 사람들이 그 기본적인 사실을 무시하고 싶어 하지만 결코 간과할 수 없습니다. 많은 천문해석가들은 사람들이 천문해석학과 관련한 직감만을 언급하는 것에 대해 분노하고 있습니다. 천문해석가들은 직감과의 연관성을 언급하는 말에 대해서 '천문해석학은 수학에 기초한 정확한 과학이다. 절대로 직감력과 동일선상에서 언급되어서는 안 된다.'라고 강력하게 주장합니다. 저는 그들의 의견도 진정성이 있다고 생각하지만, 왜 그 두 가지를 전혀 다른 것으로 구분해야 하는지 계속 의문이 듭니다. 오늘날에는 문외한들도 자신의 초능력을 알아보기 위해서 책이나 게임 또는 연구 실험을 시도하고 있습니다. 천문해석가라고 그러지 말아야 한다는 법은 없습니다. 육감을 가지고 있거나 개발하고 있는 소수의 사람들을 닭이 머리를 모래에 숨기듯 모른 척해야만 할까요?

천문해석학의 출생차트 계산이 수학적 데이터와 천문학적 사실에 근거한다는 점을 고려한다면 천문해석학은 정확한 과학입니다. 의학도 사실과 연구에 기초한 과학입니다. 그럼에도 불구하고 모든 훌륭한 의사들은 의학이 또한 예술이라는 점을 인정하고 있습니다. 의사들은 직감적 진단을 하는 동료들이 있다는 것을 인식하고 있습니다. 내과 의사들은 개인마다 정도의 차이는 있지만 의학적으로 입증 가능한 사실을 해석함에 있어서 그들에게 막대한 도움을 주는 예민하고 특별한 감각이 있다고 말할 것입니다. 의학적 이론을 종합하여 환자의 개인 이력과 관련된 실험 결과를 해석하는 것은 공식처럼 미리 결정되어 있지 않습니다. 의사의 직감적 통찰력이 없이는 불가능한 과정입니다. 그렇지 않다면 의학은 그냥 전산화하면 그만일 것입니다.

음악도 또한 엄격한 수학 법칙이라는 과학적 토대가 있는 분야로, 코드 진행에 대해 공부해 본 사람이라면 누구나 알고 있을 것입니다. 간주곡들은 논쟁의 여지 없이 수학적 비율에 의해 결정됩니다. 하지만 음악 역시 예술이지요. 누구나 〈월광〉이나 〈바르샤바 협주곡〉을 배울 수는 있지만 밴 클리번의 연주가 다른 사람들과 다른 것은 그 감각 또는 직감적 통찰력의 차이일 것입니다. 음표와 화음은 언제나 수학적으로 정확하게 똑같습니다. 하지만 그에 대한 해석이 다른 것이죠. 이것이 바로 과학이라는 단어의 정의와는 전혀 관계가 없는 명확한 현실입니다.

천문해석학을 남에게 가르칠 수 있을 정도로 아주 훌륭하게 공부하는 지적인 사람들도 있지만, 천문해석학이라는 과학을 예술의 경지로 끌어올릴 수 있는 감각적 해석이나 직감적 통찰력을 겸비하는 사람은 많지 않습니다. 물론 정확하고 도움이 될 만한 천문해석학 분석을 제공하기 위해 심령술사나 영매가 될 필요는 없지만, 천문해석가의 직감력은 분명히 출생차트를 종합하고 분석하는 데에 도움을 주는 자산이 됩니다. 물론 그런 직감력이 있는 천문해석가도 기본적으로 수학 계산에 능숙해야 하며 자신의 예술에 있어 과학적인 기본 사항을 엄격히 준수하는 태도가 있어야겠죠. 그런 천문해석가는 의식적인 능력과 무의식적인 능력을 잘 조합하여 사용하기 때문에, 당신은 유능하고 전문적인 천문해석가들을 두려워할 필요가 없습니다. 오히려 그런 사람을 만날 수 있다면 행운이지요. 어떤 분야에서든 예민한 통찰력을 보유한 사람은 드물답니다.

요즘에는 천문해석학의 인기가 높아지면서 갑자기 돌팔이 천문해석가들이 많이 나타났지만, 정말로 필요한 제대로 된 천문해석가와 스승은 많지 않습니다. 가까운 미래에는 천문해석가가 유수의 대학에서 '별의 과학'을 전공한 전문가로 인식될 날이 올 것입니다. 행성들이 인간의 행동에 미치는 영향에 대한 중요한 연구는, 옛날 유럽에서 그랬던 것처럼 주요 대학에서 교과목으로 가르치게 될 것입니다. 천문해석학을 가르치고 연구할 수 있는 능력이나 개인차트를 분석할 수 있는 능력이 출생차트에 나타나는 학생들만 받게 될 것이며 그 과정은 법대나 의대만큼이나 어려울 것입니다. 자기장, 기후 조건, 생물학, 화학, 지질학, 천문학, 수학, 사회학, 비교종교학, 철학, 심리학도 공부해야 하고 천문 차트를 계산하는 방법과 해석하는 방법도 공부해야 하며 졸업생들은 천문해석가(D.A.S: Doctor of Astral Science)라는 자격을 부여받아야 간판을 걸 수 있을 것입니다.

현재의 연구 단계에서 초보자들이 천문해석학에 가장 안전하고 타당하게 접근할 수 있는 방법은 열두 개 태양별자리에 대해 완벽하게 공부하는 것이며, 이것은 마치 응급조치나 건강 상식을 공부해서 의학이론에 익숙해지는 것과 마찬가지입니다.

언젠가 인류는 천문해석학, 의학, 종교, 천체물리

학, 정신과학이 모두 하나라는 사실을 발견할 것입니다. 그 모든 것이 합쳐져야 비로소 완벽한 전체를 이루게 됩니다. 그때까지 각 분야는 조금씩의 결함을 가지고 있을 것입니다.

천문해석학에는 서로의 의견이 충돌하는 혼란스러운 부분이 있습니다. 바로 환생에 대한 의견입니다. 오늘날에는 누구나 긍정적이든 부정적이든 윤회설에 대한 의견이 있을 것입니다. 물병자리 시대로 들어가는 20세기에는 여기저기에서 점괘판이나 잔 딕슨*에 대한 이야기를 듣게 됩니다.

전문적인 천문해석가들은 윤회설 또는 카르마를 바탕에 깔고 해석하지 않으면 천문해석학은 불완전한 것이라고 믿고 있고, 저 또한 그렇습니다. 윤회설을 강하게 부인하는 사람들이, 특히 천문해석학이 상대적으로 낯선 서양에 많이 있습니다. 천문해석학을 활용하기 위해서 반드시 환생 이론을 받아들여야 하는 것은 아닙니다. 또한 전생 혼의 존재는, 아무리 논리적으로 설명하

---

* 잔 딕슨(Jeanne Dixon, 1904~1997): 미국의 유명한 점성가이자 심령술사.

더라도 과학적으로 규명된 적이 한 번도 없습니다.(문서로 남긴 설득력 있는 정황 증거와 성경이 있기는 합니다.) 환생은 그 특성상 확실하게 손에 잡히는 증거를 영원히 확인할 수 없을지도 모릅니다. 고대인은 진화한 영혼이 끊임없이 다시 태어나는 환생 주기를 끝내려면 카르마의 진실을 추구하는 단계에 도달해야만 한다고 가르쳤습니다. 그러므로 환생을 믿는 것은, 우주에서 환생이 존재하고 있다는 것과 현생의 삶에서 그 카르마가 말하는 의무가 어떤 의미인지 찾을 수 있는 진화한 영혼에게는 선물이자 보상입니다. 그 깊은 신비가 증명되면 개개인이 스스로의 의지로 그것을 발견하기 위해 애쓸 필요가 없어지기 때문에, 영원히 증명되지 않고 각자 자신의 마음속에서 환생에 대한 답을 찾아야 하는지도 모릅니다. 하지만 스스로 찾기 위해서는, 다른 사람들이 무엇이 거짓이고 무엇이 참인지 발견해 놓은 지식을 배워야만 할 것입니다. 놀라운 예언가인 에드거 케이시에 대한 책이 호기심 많은 초심자들의 이해를 도울 만하고, 환생에 대해서는 훌륭한 책들이 많이 나와 있으니, 몇 권 골라서 본다면 여러분이 스스로 환생이 고려할 만한 가치가 있는 주제인지 아니면 단순한 사술인지 생각을 정리하는 데에 도움이 될 것입니다. 이것이 우리가 직접 찬반양론을 철저하게 조사하고 삶과 죽음에 대한 문제에 접근하는 유일한 방법일 것입니다.

현대에는 보이지 않는 영향력에 대한 관심이 새롭게 일어나고 있으며, 독심술에 대한 관심이 그 좋은 예라고 할 수 있습니다. 미국항공우주국에서는 지구와 우주 비행사 사이의 통신이 두절되는 상황에 대비하기 위해 막대한 자금을 투자하여 선별된 우주 비행사들을 대상으로 감각적 인식을 통해 메시지를 전달할 수 있는지 확인하는 초감각적 지각 실험을 진행하고 있습니다. 이런 연구 분야에서 러시아가 미국보다 훨씬 앞서 있는 것으로 전해지는데, 이것을 보면 독단적이고 물질주의적인 사고를 배제해야 하는 이유를 알 수 있습니다.

사람들 사이의 이런 보이지 않는 파장에 대한 성공적인 실험결과 덕분에 의사들도 관심을 가지게 되었습니다. 의학계는 암이나 패혈증, 인두염과 같은 질병이 정신적·감정적 긴장으로 유발된다는 사실을 오래 전부터 인정해 왔으며, 오늘날에는 환자의 성향이 암의 진전과 분명한 관계가 있다는 이론을 확립하고 있습니다. 최근 기사에서는 저명한 의사들이 정신과 의사들과의 협력을 통해 어떤 환자가 질병에 예민한지 사전에 확인해서 질병을 조기에 치료하거나 예방할 수 있도록 해야 한다는 주장이 나왔습니다. 하지만 천문해석학에서는 질병이 정신과 감정에 의해 발생하며 그러므로 정신과 감정을 통해 통제하거나 제거할 수 있다는 것을 오래 전부터 인지해 왔습니다. 또한 특정 행성의 영향을 받는 순간에 태어난 사람은 특정 질병이나 사고에 노출될 확률이 높거나 또는 반대로 면역성을 가지고 있다는 사실 또한 알고 있었습니다. 환자의 출생차트 상에 행성들의 위치와 각도를 보면 의학에서 찾는 지식을 잘 알 수 있답니다.

고고학과 인류학에서 발견한 내용에 의하면 고대 이집트에서는 천문해석가이자 의사인 사람들이 고도의 기술로 뇌수술을 했던 것으로 밝혀졌습니다. 오늘날에도 진보적인 의사들은 고대 그리스 의사들이 했던 방법을 따라 달이 이동하는 별자리를 남몰래 체크하기도 합니다. 고대 의사들은 히포크라테스 계율에 따라 '달별자리에 해당하는 신체 부위나 달이 90도 혹은 180도를 맺는 신체 부위에는 칼을 대지 않는다.'라는 내용을 실천했습니다. 의학적인 천문해석학과 그 가치에 대해서는 질병의 원인과 예방 차원에서 논의해야 할 부분이 많고 또한 워낙 방대한 주제이므로 별도의 책에서 다루어야 할 것입니다.

의학계뿐만 아니라 일부 여행사나 보험 회사, 항공사에서도 치명적인 항공기 충돌 사고가 탑승객과 승무원의 출생차트와 관계있는지 은밀하게 조사하고 있습니다. 우리는 고대의 지식으로부터 물질적 사고 방식으로 후퇴했다가 많은 시간이 흘러 다시 진실로 나아가고 있습니다. 세월이 흐르면서 행성들은 그 장엄하고 확고한 궤도를 변함없이 유지하고 있습니다. 고대 바빌론의 하늘과 베들레헴의 하늘에서 빛나던 별들은 지금도 엠파이어스테이트 빌딩 위에서 또는 동네 뒷산 하늘 위에서 여전히 빛나고 있습니다. 그 별들은 수학적으로 정확한 주기를 가지고 있고, 여전히 인간을 포함한 이 지구 위에 있는 모든 생명체에 영향을 미치고 있으며, 지구가 존재하는 동안에는 앞으로도 변함없이 그럴 것입니다.

천문해석학은 운명론이 아니라는 점을 항상 기억해 주시기 바랍니다. 별은 어떤 경향을 부여할 뿐 강요하지는 않습니다. 우리 대부분은 행성과 출생차트의 영향뿐만 아니라 주변 환경과 물려받은 유전적인 환경에도 맹목적으로 순종해야 하고 이러한 환경의 힘이 우리보다 더 강력하다고 생각하는 경향이 있습니다. 우리가 이런 모든 요소들에 대해 통찰력이 없기 때문에 저항도 하지 않는 것이죠. 그럴 때, 우리의 별자리는 마치 지문처럼 우리에게 맞아떨어집니다. 우리는 우리를 움직이는 그 힘을 경멸하든 무시하든 간에 인생이라는 체스 게임에서 말처럼 움직여집니다. 하지만 누구든 태어날 때의 환경상의 어려움은 극복할 수 있습니다. 우리의 의지력이나 정신력을 이용하여 누구든 자신의 기분을 조절하고 인성을 변화시키고 자신의 환경과 태도를 제어할 수 있습니다. 이렇게 할 수 있을 때 우리는 비로소 체스판의 말이 아니라 그 말을 움직이는 주체가 됩니다.

당신은 "나는 태어날 때부터 그런 힘이나 능력이 없어."라고 말하면서 별을 따르는 것을 주저하시는지요? 당신은 보이지도 들리지도 말하지도 못하는 자신을 극복하기 위해 심원한 내면의 의지력을 발휘했던 헬렌 켈러보다 더 많은 것을 가지고 태어났습니다. 헬렌 켈러는 자신의 출생차트 상의 어려운 요소들을 명예, 부, 존경 그리고 수많은 사람들에 대한 사랑으로 바꾸었으며, 그렇게 행성들의 영향력을 극복했습니다.

두려움 때문에 내일을 바라보지 못하시나요? 무지개에 닿기도 전에 우울함과 비관주의가 당신의 무지개를 회색빛으로 물들이나요? 미국 영화배우였던 퍼트리샤 닐은 우울함과 불안함을 강철 같은 정신력으로 탈바꿈시켰습니다. 그녀는 비극 앞에서도 미소를 보였고 그 미소는 치명적인 마비 증상까지도 날려 버릴 만큼 충분한 감정적인 에너지를 발산해서 의사들도 깜짝 놀라게 만들었지요.

신문 지상에서 떠들어 대는 것처럼 미국이 냉전 시대, 국민적 혹은 국제적 몰이해, 범죄율 증가, 불평등, 편견, 도덕적 해이, 윤리 상실, 그리고 어쩌면 핵폭발로 곧 사라질 위기에 처해 있다고 걱정하고 계시나요? 윈스턴 처칠도 개인적으로 그리고 국가적으로 패배에 직면한 적이 있었죠. 하지만 그는 눈을 반짝거리면서 강철 같은 의지를 품고 마음속으로 기도를 했습니다. 이 세 가지로 그는 한 사람의 용기가 수많은 사람들에게 맹목적인 낙관주의와 굳건한 힘을 일깨워 주는 기적을 일구어 냈습니다. 결과적으로 그런 파장은 공포를 녹여 버리고 세상에 영감을 주었으며 승리를 이끌어 냈습니다. 처칠은 자신과 자신의 국가가 체스판의 말이 되기를 거부하였던 것입니다.

그런 사람들은 특별한 경우라고 생각하시나요? 당신도 기적을 만들어 낼 수 있습니다. 누구나 할 수 있습니다. 당신에게도 강력한 행성들의 전자기력에 대한 면역력을 기를 수 있는 충분한 힘이 있습니다. 그럼에도 불구하고 너무 쉽게 포기해 버리고 당신의 잠재력을 깨닫지 못한다면 정말 안타까운 일이지요.

증오와 두려움을 정복하고 나면 우리의 의지는 자유로워지고 엄청난 힘을 발휘할 수 있게 됩니다. 이것이 바로 말 없는 별들에 담겨 있는 당신 출생의 메시지입니다. 그러니 귀를 기울여 보세요.

어떤 고대 전설에서는 힘과 주술적 비밀을 알고 싶어서 현명한 마술사를 찾아가는 남자의 이야기가 있습니다. 마술사는 그를 맑은 호숫가로 데리고 가서 무릎을 꿇게 했지요. 그러자 그 현명한 마술사는 사라져 버리고 혼자 남겨진 그 남자는 물 속에 비친 자기 모습을 보게 되었습니다.

"내가 하는 것을 그대도 할 수 있다.", "구하라, 그러면 얻을 것이다.", "두드려라, 그러면 열릴 것이다.", "진실을 추구하라, 진실이 너희를 자유롭게 하리라."

바빌론까지는 얼마나 멀어요?
60마일하고도 10마일 더 가야지.
촛불만 들고 갈 수 있을까요?
물론이지, 돌아올 수도 있는 걸!

이것은 시일까요 아니면 수수께끼일까요? 이 우주 속에 있는 모든 것은 우주 법칙의 일부이며 천문해석학은 그 법칙의 기본입니다. 천문해석학에서 종교와 의학, 천문학이 생겨난 것이지 그 반대가 아닙니다.

고대 그리스의 도시였던 테베에는 열두 별자리가 조각되어 있는데 아주 오래된 것이라 정확한 기원은 알 수 없습니다. 아틀란티스일지도 모릅니다. 하지만 그 상징들을 어디서 가져왔고 누가 새겼든 간에 그 메시지는 영원합니다. '당신은 끝없는 우주입니다.' 그리고 아직까지 하나의 별밖에 보지 못했답니다.

당신의 별자리

천칭자리

2012년 12월 21일 초판 1쇄

지은이 린다 굿맨 ‖ **옮긴이** 이순영

펴낸이 이순영 ‖ **편집** 이루리 ‖ **디자인** 오빛나 ‖ **덕담** 최우근 ‖ **박은곳** 한영문화사

펴낸곳 북극곰 ‖ **주소** 서울시 은평구 진관동 은평뉴타운 우물골 239동 1001호

전화 02-359-5220 ‖ **팩스** 02-359-5221

이메일 bookgoodcome@gmail.com ‖ **홈페이지** www.bookgoodcome.com

블로그 http://blog.naver.com/codathepolar ‖ **페이스북** 도서출판 북극곰

ISBN 978-89-97728-25-1 03180   **값** 9,000원

Linda Goodman's Sun Signs